O Gerenciamento da Vida Pessoal, Profissional e Empresarial

MESSIAS MERCADANTE DE CASTRO

O Gerenciamento da Vida Pessoal, Profissional e Empresarial

M.BOOKS

M.Books do Brasil Editora Ltda.

Rua Jorge Americano, 61 - Alto da Lapa
05083-130 - São Paulo - SP - Telefones: (11) 3645-0409/(11) 3645-0410
Fax: (11) 3832-0335 - e-mail: vendas@mbooks.com.br
www.mbooks.com.br

Dados de Catalogação da Publicação

Castro, Messias Mercadante de. O Gerenciamento da Vida Pessoal, Profissional e Empresarial

2013 – São Paulo – M.Books do Brasil Editora Ltda.

1. Autodesenvolvimento 2. Administração 3. Recursos Humanos

ISBN 978-85-7680-211-2

Editor: Milton Mira de Assumpção Filho

Produção Editorial: Beatriz Simões Araújo

Coordenação Gráfica: Silas Camargo

Editoração e capa: Crontec

"O que sabemos é uma gota; o que ignoramos é um oceano."

Isaac Newton

Dedicatória

Dedico este livro à memória dos meus pais, Antonio e Arlete, pela vida, pelos exemplos de vida, dedicação e ensinamentos que norteiam a minha existência. Aos meus irmãos, Carlos Alberto, Marina, Saulo, Gerson e Hernani Roberto, pelo apoio, carinho e irmandade incondicional. À minha esposa Márcia, meus filhos Rafael, Márcio e Fábio, com suas respectivas esposas, Samantha, Priscila e Joyce, pelo incentivo, suporte, amor e compreensão aos meus defeitos. Aos meus netos Lucas e Thaís, Maria Clara e Catharina, Pedro Rafael e João Otávio, nos quais deposito a esperança de que possam contribuir para a construção de um mundo melhor.

Agradecimentos

Aos 66 anos de idade, é muito difícil nominar os meus agradecimentos. Foram muitas pessoas que contribuíram, direta e indiretamente, para minha formação acadêmica e minha trajetória pessoal e profissional.

Agradeço aos meus professores, desde os primeiros anos de aprendizagem primária aos mestres da graduação e pós-graduação. Foram os seus ensinamentos que guiaram as minhas iniciativas para o caminho do conhecimento.

Agradeço, especialmente, ao meu padrinho de batismo e casamento Dirceu Martins e sua esposa Neiza Martins (em memória) pela oportunidade do primeiro emprego no Banco Ribeiro Junqueira S/A, ainda menor de idade. O seu apoio, exemplos e orientação moldaram o meu comportamento e comprometimento profissional.

À Associação Padre Anchieta de Ensino – Unianchieta – Jundiaí-SP, onde me formei em Economia, pela oportunidade de iniciar a minha atividade de docente do curso de Ciências Econômicas, que exerço há quarenta anos na mesma Instituição e por poder ter dirigido, por trinta anos a Faculdade de Ciências Econômicas, Contábeis e de Administração de Empresas "Padre Anchieta".

A todos os profissionais com os quais trabalhei, pelo apoio e colaboração profissional.

Agradeço sobretudo a Deus que me permitiu caminhar até aqui e, mercê da minha pequenez, construir valores de vida digna para minha família; dar uma contribuição positiva às empresas em que trabalhei; contribuir para a formação acadêmica de meus filhos e meus alunos e dar uma singela contribuição à sociedade e ao meu país.

SUMÁRIO

CAPÍTULO 3

CAPÍTULO 4

PREFÁCIO

GERIR O MELHOR PATRIMÔNIO

A verdadeira sabedoria advém no momento em que o indivíduo, bem resolvido em suas várias dimensões, percebe que outros valores se realocam em sua hierarquia axiológica. Não é suficiente estar de bem com a vida pessoal e familiar se há uma frustração profissional. O êxito na atividade laboral é insuficiente se não se atingiu um equilíbrio na esfera da transcendência. Prestígio, reconhecimento e retorno financeiro por si sós não bastam para o homem que se descobre um complexo de anseios, uma busca de infinitude que é sempre irreal para quem se admite finito.

MESSIAS MERCADANTE DE CASTRO atingiu a plenitude com seu espaço familiar imune às intempéries, com sua docência eficaz na multiplicação de profissionais nas áreas mais nevrálgicas deste mundo em constante mutação, no aplauso obtido com uma produção literária consistente. Era o momento de partilhar sua experiência nos vastos setores de atuação com os interessados em obter resultados análogos.

Este livro, cujo título *O Gerenciamento da Vida Pessoal, Profissional e Empresarial* diz menos do que seu conteúdo, é um roteiro salutar de boas práticas, disponibilizadas a quantos pretendam chegar a um estágio vital satisfatório. A vida é plena de incertezas e não conseguimos obter um seguro contra todos os riscos. Todavia, temos condições de enfrentamento tranquilo das vicissitudes e de nos armar de atributos que nos levem a bons termos.

Esta época do *pós-tudo* pode ser execrada pelos pessimistas – ou realistas, aqueles que concordaram com José Saramago quando disse não ser pessimista: *O mundo é que é péssimo!* –, mas há sempre espaço para aquiescer numa realidade: na maior parte das vezes, somos os complicadores.

A urgência do estudo permanente já é consenso na consciência coletiva. Daí a multiplicação de cursos rápidos ou duradouros. A necessidade da pós-graduação em sentido estrito, dos *MBAs*, dos pós-doutorados e das especializações. O que falta é justamente um acervo de obras como esta que MESSIAS MERCADANTE DE CASTRO oferece a seus leitores: um compêndio de propostas práticas que a escolarização tradicional não oferece.

Está no indivíduo o controle remoto para se condicionar ao permanente autoconhecimento, pois só assim aprenderá a se relacionar com o semelhante, com a natureza e com a transcendência ou a dispensá-la quando professar autêntico agnosticismo.

Somos bem providos de obras que anunciam estratégias para obtenção de sucesso nos negócios. No entanto, o maior negócio somos nós mesmos. Nossa tranquilidade, nosso apego à vida e nossa vontade de convívio harmônico. Resgatar o altruísmo, a fraternidade, a paciência e a humildade. Estas são as lições de que o mundo necessita. E com urgência.

MESSIAS MERCADANTE DE CASTRO ensina em sua obra como gerir esta breve passagem que nos foi dada caminhar por este sofrido planeta. Contemplar todas as esferas deste *eu polimorfo* de que somos feitos é missão indeclinável e aberta a todas as pessoas que não perderam a capacidade de discernir racionalmente.

O ponto alto do livro é que deriva de vivência, de experiência feita e não de teórica doutrinação de um nefelibata. Se MESSIAS conseguiu, por que as pessoas de boa vontade também o não conseguirão?

José Renato Nalini

INTRODUÇÃO

O permanente registro de estudos e experimentos científicos tem possibilitado e viabilizado grandes avanços das ciências, com incomensuráveis benefícios para a humanidade nas áreas da física, da química, da biologia, da medicina, da economia, entre outras.

Uma outra realidade da vida remete-nos a imaginar a grande perda para a humanidade, o fato de não ter registrado, mesmo no âmbito familiar, a grande sabedoria de vida de milhões de pessoas que passaram pela Terra, cujas experiências e conhecimentos acumulados não foram herdados por seus descendentes, pelas pessoas, pela sociedade, simplesmente porque não formalizaram suas ideias e concepções de vida, suas experiências, seus fracassos e sucessos, seus erros e acertos, suas iniciativas e recuos, suas conformidades e inconformidades, seus momentos de sofrimento e superação, seus momentos de felicidade, sua trajetória de vida, sua busca incessante pelas coisas que passam e pelo abandono às coisas que não passam, pelas ações pecadoras e santificadas, pelo vácuo da inobservância e pela fé em Deus.

Do ponto de vista pessoal, em uma trajetória de permanente aprendizagem, penso que foi possível dar uma pequena contribuição às pessoas com as quais convivemos, às empresas para as quais trabalhamos, aos nossos alunos, à sociedade, à nossa família e ao nosso país.

Ao registrar, neste livro, os mais diversos temas relativos às ações e posicionamentos de agentes econômicos e sociais, entre o melhor e, às vezes, o pior, o nosso objetivo é o de prevenir quanto a inadequados comportamentos e contribuir com abordagens refletivas, que possam se somar às ideias superiores, de muitos outros autores, para registrar constatações e caminhos alternativos para o crescimento das pessoas, profissionais e empresários, tendo, como pano de fundo desse grande teatro que é a vida, a mais simples e única verdade absoluta, que é a nossa efêmera existência.

Espero, sinceramente, que este livro possa ser útil ao leitor, que as questões abordadas sejam objeto de uma sensível reflexão e que, tomara Deus, possa nortear novos caminhos construtivos para todos.

UMA HISTÓRIA QUE SE VERIFICA NA REALIDADE

Retransmito aqui uma história de grande valia para o mundo dos negócios e também para as pessoas e profissionais, a qual, ou foi lida por mim em algum livro, ou ainda que eu a tenha escutado de alguém.

"Uma certa vez, um Monge decidiu fazer uma grande peregrinação. Juntou os bens para a higiene pessoal, algumas roupas, não levou dinheiro, nem outros bens e, com um auxiliar mais jovem, iniciou uma longa caminhada, sem se preocupar com o tempo da jornada, apenas uma direção.

Ao longo da peregrinação, quase totalmente no campo, solicitava, às famílias que encontrava, o alimento mínimo necessário, falava da vida, de Deus e prosseguia.

À noite, pedia nas casas simples por onde passava um abrigo para o pernoite e, como sempre, além de seus ensinamentos, falava da realidade encontrada e vivida na peregrinação e ia dormir. Ainda pela madrugada retornava à peregrinação.

Um certo dia, ao anoitecer, chegou a uma fazenda semiabandonada; a cerca velha caída, os pastos cobertos por ervas daninhas, nenhuma plantação e apenas viu uma vaquinha.

Bateu na porta de uma casa velha e mal conservada e foi recebido pela família – o pai, a mãe e três filhos, que o acolheram. Ofereceram a ele e ao assistente leite, queijo e coalhada. Após cumprir com os atos de evangelização, antes de deitar, o Monge perguntou ao proprietário de que forma viviam naquela fazenda. O fazendeiro lhe disse que viviam do leite tirado diariamente da vaquinha, com o qual faziam a coalhada e o queijo para o sustento e que vendiam o excedente, com cujos recursos compravam os bens mínimos necessários, como alimentos, roupas, bens para limpeza e higiene.

Com o passar das horas, o Monge abençoou a família, agradeceu a acolhida e já se despediu antecipadamente, pois sairia bem de madrugada.

Nas primeiras horas do dia seguinte, quando da retomada da caminhada, ordenou ao seu auxiliar que levasse com eles a vaquinha. O auxiliar retrucou dizendo: 'Mas Senhor, essa família que nos acolheu vive totalmente na dependência da vaquinha'. O Monge novamente lhe disse: obedeça às minhas ordens e leve a vaquinha, a qual, depois de muitos quilômetros, foi deixada em outra propriedade.

E assim, dias e noites se sucederam, o tempo foi passando e, em um dado momento, o Monge resolveu retornar à sua terra. Longas caminhadas foram refeitas e, depois de aproximadamente cinco anos, o Monge e seu auxiliar voltaram novamente à mesma fazenda.

Ao chegar, perceberam grandes transformações. Um portão de entrada exuberante; cercas novas e bem-feitas; o pasto viçoso e com muitos animais, diversas culturas plantadas, máquinas agrícolas, caminhonetes e, por último, uma sede nova, grande e confortável.

Como aconteceu da outra vez, ofereceram-lhes um jantar, só que, desta vez, muito suculento e, antes de falar de Deus, perguntou ao proprietário o porquê de tantas transformações. Ele respondeu dizendo que quando da outra visita do Monge e seu auxiliar, no amanhecer do dia seguinte, verificou que a vaquinha havia desaparecido. Não tendo outra saída, procurou um banco, fez empréstimos e iniciou a plantação de vários alimentos. Tudo correu muito bem a partir daquele dia e eles prosperaram como nunca. E os filhos já estavam montando uma fábrica de queijos finos para exportação".

Ao ouvir o relato, o Monge, feliz em seu íntimo, pensou no acerto de sua ação, no passado e, mais uma vez, iniciou sua evangelização. Antes, porém, resolveu falar sobre a vida pessoal, profissional e empresarial, como que querendo doutrinar os filhos do casal, entusiasmados com o sucesso obtido na fazenda e ingressando no mundo empresarial.

A primeira palavra orientadora do Monge - que, antes de sua ordenação fora professor universitário, por mais de trinta anos, com doutorado em administração por uma prestigiosa e grande universidade, cuja tese defendida foi centrada em "gestão empresarial e planejamento estratégico" - foi direcionada para salientar a importância de se estabelecer "âncoras de sustentação", para se ter sucesso.

Os jovens perguntaram como e de que forma se configuram essas "âncoras de sustentação"?

O Monge respondeu que se trata de um processo contínuo do exercício de aprendizagem e de posicionamento na vida pessoal, profissional e empresarial, que compreendem valores inestimáveis, como o exercício da percepção, da prudência, da permanente busca do equilíbrio emocional e do planejamento.

Os jovens pediram novamente se era possível o Monge abordar um pouco de cada questão, para que pudessem compreender, em maior profundidade, seus aspectos relevantes, para se posicionarem melhor em suas vidas e nos negócios. Atendendo à solicitação, o Monge resolveu falar sobre cada tema e sobre interdependência entre eles.

CAPÍTULO 1

ÂNCORAS DE SUSTENTAÇÃO

A SUSTENTABILIDADE

A sustentabilidade – questão constante na pauta dos grandes temas do mundo –, ainda por ser resolvida, trata-se de uma problemática não conjuntural, mas estrutural, não pontual, mas sistemática, que envolve a qualidade do ar, da água, da preservação das terras e dos mares, das matas, do aquecimento global e, sobretudo, da vida no planeta Terra.

Em uma análise mais profunda, é possível enxergar que a sustentabilidade é uma questão plural e vital em nossas vidas, resultante de um equilíbrio global de nossas ações enquanto pessoas, famílias, profissionais, das empresas e governos.

O permanente encontro entre o homem e a natureza deve nos levar a agir com respeito e a cultivar a natureza de forma que não haja sobreposição do intelectual sobre o natural, mas, ao contrário, com a nossa submissão àquela que nos abriga e nos sustenta em nossa existência.

Num mundo em que prevalece a hegemonia da riqueza e onde os valores tangíveis, como a honestidade, e os intangíveis, como a consciência livre de ônus para com as pessoas e a sociedade, representam bens maiores à dignidade do ser humano.

Este livro articula essas ideias, focando os posicionamentos positivos e negativos dos agentes econômicos – trabalhadores, consumidores, poupadores, empresas, governo – e, fora das questões econômicas, do mais importante, do ser humano, como elemento superior.

Em um mundo essencialmente competitivo, eminentemente excludente e socialmente injusto, sustentar-se com equilíbrio, justiça, respeito ao meio ambiente e à vida, coerência, ética e sucesso não é, efetivamente, uma tarefa fácil.

Somam-se a essas dificuldades as desvirtudes humanas da cobiça, do egoísmo, da ganância, do orgulho, da inveja, do desamor e da busca imoderada e sem limites pelo poder.

O imediatismo do "resultado" e a certeza de que no "longo prazo" "todos estaremos mortos", como escreveu John Maynard Keynes, vêm levando a sociedade a agir de forma menos prudente e a eleger o "ganho" e o "sucesso" no menor prazo possível – às vezes, deixando de lado a ética, a sustentabilidade e, em muitos casos, o próprio ser humano –, como objetivos principais, sem observar e considerar os seus reflexos para a sociedade e para o mundo.

Sem nenhum caráter pessimista, mas apenas focando a fotografia que temos da realidade do mundo corporativo e do meio ambiente, passamos, a seguir, a abordar temas do cotidiano de nossas vidas na direção, não de pretender ser o "dono da verdade", mas, acima de tudo, de dar uma contribuição à sociedade, com reflexões pontuais que possam identificar o comportamento pessoal, profissional e empresarial em seus aspectos construtivos e não construtivos, segundo as atribuições e responsabilidades pertinentes e, se possível, mostrar alternativas de procedimentos que contemplam a ética, a moral, o respeito ao ser humano, à sociedade e ao meio ambiente, lembrando sempre que o mundo, como nos é apresentado, é cada vez mais corporativo e menos sustentável.

Seguir o "caminho do meio" – do equilíbrio, da ponderação, do respeito ao ser humano e à natureza, da reverência aos princípios da verdade, da reflexão sobre o certo e o errado – é uma precondição para se ter sucesso. Separar o joio do trigo é distinguir e separar o melhor do pior em nossos paradigmas:

> "Paradigmas são simplesmente padrões psicológicos, modelos ou mapas que usamos para navegar na vida. Podem ser valiosos e até salvar vidas, quando usados adequadamente. Mas podem se tornar perigosos se os tomarmos como verdades absolutas, sem aceitarmos qualquer possibilidade de mudança.
> (...)
> Agarrar-se a paradigmas ultrapassados pode nos deixar paralisados enquanto o mundo passa por nós.
> (...)
> Se uma organização não está desafiando suas crenças e velhas maneiras de fazer as coisas, a concorrência e o mundo simplesmente a ultrapassam.
> (...)
> A mudança nos desinstala, nos tira da zona de conforto e nos força a fazer as coisas de modo diferente, o que é difícil.
> (...)
> O progresso contínuo é fundamental tanto para as pessoas como para as organizações, porque nada permanece igual na vida."[1]

Em suas múltiplas faces, a sustentação exige posicionamentos comuns no cotidiano de nossas vidas e, também, estratégicos. Vejamos.

---

[1] James C. Hunter. *O Monge e o Executivo*. 15ª ed. Rio de Janeiro: Sextante, 2004.

A sustentação pessoal requer, entre outros pré-requisitos:

- equilíbrio no juízo de valores em relação às pessoas e à sociedade;
- prudência e ponderação nas ações onde quer que se encontre;
- conhecer os fatos, as verdades e ponderá-los antes de se posicionar;
- reconhecer os seus erros;
- valorizar as virtudes dos outros;
- ser verdadeiro e não apenas interessado;
- perseguir seus objetivos com tenacidade, equilíbrio e determinação.

A sustentação profissional requer outros pré-requisitos:

- o aprimoramento permanente da competência;
- o posicionamento eminentemente profissional;
- o foco concentrado em suas atribuições ou negócios;
- o comprometimento funcional;
- o permanente investimento em sua formação acadêmica, na elevação do conhecimento e da informação;
- a busca incessante do aprimoramento funcional para fazer sempre o melhor;
- agregar, permanentemente, valor ao seu trabalho para o bem da organização.

A sustentação empresarial requer outros requisitos:

- o pleno conhecimento do negócio, dos sistemas de produção, dos produtos, do mercado, dos pontos fracos e fortes de sua empresa;

- o foco no negócio, muito trabalho, organização empresarial, motivação da equipe de trabalho e conhecimento das tendências do mercado;
- um ótimo relacionamento com os seus fornecedores, funcionários, clientes, prestadores de serviços e com o sistema financeiro;
- um trabalho forte e permanente para eliminar ou minimizar os pontos fracos da sua empresa e do seu negócio;
- reconhecer o trabalho eficiente da equipe;
- investir, permanentemente, para obter economias de escala;
- olhar para a frente e planejar estrategicamente a sua empresa.

Para pensar, entender e agir com sensibilidade, é preciso desenvolver e aprimorar o nosso sentido de "percepção".

A PERCEPÇÃO

A percepção tem como pré-requisitos a serenidade, o equilíbrio emocional, a sensibilidade, a observação pessoal, a reflexão, a confiança, a paz de espírito e, falando de negócios, o foco e a informação.

Em um ambiente onde não existem essas condições, dificilmente o ser humano terá capacidade perceptiva, consequentemente, de se posicionar corretamente diante dos problemas ou oportunidades, sejam de caráter pessoal, familiar ou empresarial.

O momento atual do mundo moderno, em função da elevada dinâmica dos negócios e da vida pessoal, não favorece o desenvolvimento pessoal/profissional da percepção.

Pessoas que cultivam essa competência podem se destacar no mundo empresarial, corrigindo erros, melhorando processos e desenvolvendo novas oportunidades de negócios.

Grandes empresários do presente perceberam, no passado, oportunidades de investimentos setoriais e as empreenderam com sucesso, o que, naturalmente, não foi objeto da percepção de muitas pessoas, como uma oportunidade vantajosa de negócio.

A fé e os momentos sagrados da oração nos levam a refletir sobre a vida pessoal e profissional e nos dão equilíbrio para termos maior sensibilidade de percepção do que estamos fazendo; como estamos fazendo e quais os nossos acertos e erros.

A percepção e a dimensão do tempo necessário para a maturidade de uma decisão ou oportunidade de negócio minimizam a ansiedade e proporcionam ao empresário um maior equilíbrio emocional, uma visão mais clara e ampla da oportunidade, para melhor poder encaminhar ou decidir seus negócios.

Grandes oportunidades de negócios, via de regra, não permitem o compartilhamento de ideias e aconselhamentos e, portanto, são assimiladas integralmente por quem decide e que, naturalmente, assume também a responsabilidade e o risco dessa decisão. Nesse cenário, a percepção acurada torna-se fundamental para consubstanciar a decisão.

Não é possível navegar mar adentro sem uma bússola e o conhecimento de um porto seguro. Também não é possível administrar uma empresa focando obstinadamente em um crescimento sem dimensionar o risco, as decisões corretas e erradas, e observar atentamente a bússola para ver se a trajetória da empresa está na rota certa. O erro de uma decisão poderá não afetar a empresa no curto prazo, mas, no longo prazo, um conjunto de erros persistentes pode ser fatal para a empresa.

Nem sempre um bom empreendedor é um bom executivo. Todavia, se dotado de um bom nível de percepção, foco no negócio e sensibilidade, pode superar as suas deficiências profissionais e conduzir a sua empresa com sucesso.

A assessoria de profissionais competentes e comprometidos contribui para minimizar as decisões erradas e maximizar os acertos.

Um fator que leva prejuízos à capacidade de percepção do empresário é o orgulho, principalmente se for exacerbado. Isso o conduz à autossuficiência e, nessa posição, acredita firmemente que todas as suas decisões são absolutamente corretas e, erradamente, subestima os seus assessores, assim como toma decisões precipitadas que nem sempre são certas e que podem causar grandes prejuízos ao futuro da organização.

Quando falamos do futuro de uma organização, via de regra, não somos capazes de ter o alcance da dimensão do prejuízo futuro decorrente de uma decisão errada no presente.

Um outro grande erro do empresário-executivo é acreditar na sua autossuficiência, o que o leva a minimizar os reflexos de seus erros e superestimar os benefícios de seus acertos. Isso o coloca como uma espécie de "dono da verdade e do saber absoluto", acreditando na sua intelectualidade "superior", o resultado inexorável, ao longo do tempo, será a perda de eficiência, quando não o fracasso.

Do ponto de vista pessoal, o grande desafio é manter o equilíbrio de posicionamentos frente à heterogeneidade das questões econômicas, políticas, ambientais e sociais, tendo como padrão de comportamento a ética, o respeito ao ser humano, às instituições constituídas e ao meio ambiente.

Enquanto profissionais, é preciso cultivar a fidedignidade às empresas que servimos, ter o esforço do trabalho como paradigma do nosso comportamento e o objetivo de fazer, "o tempo todo", o melhor para as empresas e, com dignidade e ética, exercer a nossa função.

A interdependência econômica e social no mundo corporativo deve enaltecer a percepção de que às empresas é reservado um papel, no campo onde são os atores principais para exercerem suas atividades operacionais valorizando, com fidedignidade, o fator trabalho, a parceria com os seus fornecedores e clientes, com o lucro necessário para remunerar o capital investido, além da observância dos preceitos legais, institucionais e ambientais.

O capitalismo moderno e a informação em tempo real transbordam sobre a sociedade um ambiente de permanente competição, de ações incessantes para tentar ganhar e não perder; essa realidade nos tira a sobriedade e danifica o nosso equilíbrio emocional, a nossa qualidade de vida e o norte em nossa escala de valores. Às vezes percebemos que a sociedade caminha sem rumo e direção.

O lucro imoderado e a qualquer custo não comporta um padrão corporativo que esteja preocupado com a preservação do meio ambiente, da fidedignidade nos negócios e com a ética.

Quando aprimoramos a "percepção" das coisas da vida e dos negócios, passamos a ter uma grande aliada que nos dará sobriedade e sabedoria para tomarmos as nossas decisões: "a prudência".

A PRUDÊNCIA

Ser prudente é ser ponderado no juízo de valores, nas análises e nas ações.

A prudência é fruto do conhecimento, do equilíbrio emocional e da justiça.

Ela nos leva a decidir melhor e enxergar com mais clareza os lados positivos e negativos de uma decisão ou de um negócio.

Nem sempre uma oportunidade de negócio que, à primeira vista, parece ser altamente vantajoso, de fato o é; e, nesse caso, a prudência nos levará a uma análise mais profunda e, ponderando os prós e os contras, poderemos não dar seguimento à transação.

A prudência nos leva a errar menos e acertar mais, a julgar menos e a relativizar as faltas cometidas pelos outros, a perdoar.

No mundo dos negócios que, em muitos casos, requer decisões rápidas, em tempo real, podemos imaginar que a prudência pode ser inoportuna, que poderá nos levar e ser mais lentos. Ao contrário, quando somos prudentes e chegamos a uma definição de negócio, ela alicerçará em nós uma firmeza que nos levará a decidir com segurança e rapidez. Grandes negócios normalmente não são fechados abruptamente. As decisões são amadurecidas e a ação decisiva do negócio depende sempre do conhecimento de perto e mais profundo do segmento, das informações e suas perspectivas, da viabilidade econômica, para, em seguida, levar-nos a uma ação propositiva no negócio.

A prudência pode ser solitária ou compartilhada, é amiga da reflexão, da paciência, da experiência profissional e do conhecimento dos fatos. Todavia, a prudência requer um tempo certo, mas não deve retardar uma decisão a ponto de ser confundida com a insegurança ou desinteresse por uma oportunidade ou negócio.

Ela deve estar acompanhada de informações suficientes para analisar a oportunidade de um negócio e a pessoa que vai decidir deve se consubstanciar de estudos e aconselhamentos e, em consenso, optar pela melhor oportunidade de negócio.

A prudência é uma precondição da competência.

Ela nos leva a entender melhor os fatos e acontecimentos da vida pessoal, profissional e empresarial. Com ela, aprendemos a escutar e a observar mais, a dar o passo certo no momento e na direção correta.

A prudência nos sustenta em nossas posições socioeconômicas e nos torna mais respeitados em função do nosso posicionamento sereno, equilibrado e sem os sofismas presunçosos e exibicionistas. Ela nos permite enxergar o outro lado da moeda e, a partir dessa visão, mais particular, emitir pareceres e tomar decisões diferenciadas, prudentes e com sabedoria.

O amálgama da percepção e a prudência resultam em uma condição essencial para o crescimento pessoal, profissional e empresarial, que é o "equilíbrio emocional".

O EQUILÍBRIO EMOCIONAL

Para viver com o menor nível possível de ansiedade, sem sobressaltos injustificáveis e com equilíbrio para resolver ponderadamente as questões pessoais e as decisões profissionais e empresariais, é necessário manter um bom equilíbrio emocional.

Não existe um receituário preestabelecido para aplicar linearmente a todas as pessoas e ter, como resultado, o equilíbrio emocional desejável. Todavia, sabe-se que ocupar a mente e o corpo em atividades que se tem prazer é um desses caminhos.

O equilíbrio emocional é também um derivativo da consciência limpa, da justiça, da paz de espírito e da probidade.

Buscar, permanentemente, o equilíbrio emocional exige disciplina, renúncia ao comodismo, às facilidades inconvenientes e indesejáveis em relação à ética, além do respeito às pessoas, à família e à sociedade.

O comportamento interativo de uma pessoa com os seus familiares, colegas de trabalho, superiores, sócios ou colaboradores sob o seu comando deve ser objeto de análise e reflexões em tempo real para se obter, humildemente e com isenção, uma fotografia do seu comportamento, equilibrado ou desequilibrado, prudente ou imprudente, justo ou injusto.

Se, em sua fotografia isenta, observar o equilíbrio e a coerência em seus procedimentos, deve perseverar com as ações que lhe proporcionam um estado emocional bom e estável.

Se, todavia, observar que suas ações variam da sensatez à intempestividade, deverá, com urgência, mudar os seus hábitos de vida e procurar corrigir suas ações, mesmo que lhe custe uma perda momentânea, como, por exemplo, um trabalho que se tornou pesado ou indesejável. Lembre-se sempre de que, em sua vida, o mais importante é você se sentir bem, feliz e transmitir às pessoas com as quais interage segurança e felicidade, afinal, nascemos para ser felizes.

Um fato que nos tira o equilíbrio emocional e que gera grandes males como o sentimento de infelicidade e de injustiça é a inobservância de desejar sistematicamente coisas e bens que não estejam ao nosso alcance. É preciso se permitir a ter e sonhar com coisas e objetivos factíveis, seja do ponto de vista financeiro, material, profissional ou pessoal.

É preciso deletar de nossa mente os desejos e as aspirações incomensuráveis e egoístas, e procurar, persistentemente, cultivar o espírito e as ações de solidariedade com os nossos semelhantes, estabelecendo o limite da nossa felicidade no respeito ao limite necessário para a felicidade dos outros.

O melhor equilíbrio emocional deriva da conformidade com uma situação imutável num momento dado, da consciência tranquila, cientes de que poderemos, ao longo do tempo, conquistar novos valores. Reconhecer o quanto fomos produtivos e o quanto realizamos e evoluímos entre as possibilidades circunstanciais de cada etapa de nossa vida e, principalmente, diante das nossas limitações e da nossa pequenez.

Com equilíbrio é possível desenvolver um "planejamento" com uma visão mais clara do que somos capazes de realizar, dos nossos pontos fortes e fracos, das aspirações factíveis e equidistantes para o hoje e o amanhã.

O PLANEJAMENTO

Do ponto de vista pessoal, é preciso, com consciência, planejar a vida acadêmica, profissional, familiar e empresarial. Não se pode adentrar numa selva sem uma bússola e sem planejamento e objetivos definidos.

Quando enfatizamos a consciência, é para salientar que todo planejamento deve ser coerente, tendo em vista a realidade presente, os esforços e os trabalhos que empreenderemos, os recursos disponíveis, as oportunidades e os objetivos que desejamos alcançar.

Profissionais e empresários bem-sucedidos são aqueles que planejaram as suas ações, a dimensão do sacrifício, do trabalho e da renúncia que deveriam assumir e o que é realmente de valor inestimável, não desanimaram diante dos obstáculos, das dificuldades, das pedras no caminho, da inveja, do ciúme e das quedas eventualmente experimentadas, mas, ao contrário, mantiveram-se firmes em seus objetivos, perseveraram com muita determinação e colheram, como resultado inexorável, o sucesso de atingir suas metas.

É difícil planejar um futuro distante, uma vez que a trajetória da vida pode nos levar a percorrer caminhos diferentes que, como estradas, não são feitas somente de retas. Todavia, levando-se em consideração a realidade presente e a oportunidade de fatos previsíveis, é possível planejar, com um elevado grau de segurança, o futuro próximo.

Quando se inicia um projeto de vida ainda jovem, é possível trabalhar planejadamente os estudos e a vida profissional. Quando, todavia, perdemos demasiadamente o nosso precioso tempo divagando e sem um planejamento com ações definidas, corremos um sério risco de somente amadurecer o nosso projeto de vida já com a idade mais avançada e, nesse caso, é possível que queiramos correr contra o tempo, podendo, erroneamente, atropelar, de modo indevido, as pessoas e nos perdermos entre o desejável, o possível e o impossível.

O planejamento, seja na vida pessoal, profissional ou empresarial, deve ser dinâmico e não estático. Dinâmico, porque todas as variáveis que constituem as condicionantes em nossa vida sofrem alterações e transformações. As estações do ano, por exemplo, alteram o clima, o solo, indicam as culturas agrícolas que devem ser plantadas, cultivadas e colhidas.

As famílias, células "mater" da sociedade, passam por transformações em suas constituições, usos e costumes. As mudanças de vida, pelos familiares, a evolução profissional e acadêmica, as adaptações em seus orçamentos, em função de novos padrões de necessidades de consumo e investimentos, requerem, em seu conjunto, contemporaneamente, ações planejadas.

Nas empresas, o planejamento, além de ser um instrumento fundamental e imprescindível para a evolução empresarial, é a partir dele que se estabelece os objetivos a serem alcançados e, assim ele se torna um "norte", indutor de ações em todas as áreas das organizações, para perseguirem os objetivos traçados.

Nessa etapa, a função profissional dos executivos, em sua dinâmica de trabalho, comprometimento e competência, é que vai fazer a diferença e será tanto mais eficiente, na proporção que estimulem a capacidade criativa à de somar os esforços de todos os colaboradores, de entusiasmá-los em seus trabalhos e de construir um estado de ânimo contagiante, com uma sinergia positiva.

A dinâmica da globalização das economias exige o planejamento de ações preventivas e de iniciativas inovadoras e criativas que minimizem as dificuldades impostas pelo mercado num momento e, ao mesmo tempo, que impulsionem a organização para um crescimento sustentável e rentável logo à frente.

Planejar é o caminho para errar menos e acertar mais, é sair do escuro para o claro, do acaso para o previsível e, em boa parte, sair do fracasso para o sucesso.

CAPÍTULO 2

AS MÚLTIPLAS FACES DO SABER E DO SUCESSO

... Extremamente agradecidos pelos ensinamentos, os jovens perguntaram ao Monge:

– "Mestre", é possível sonhar na vida e no mundo dos negócios? Qual o segredo para se ter sucesso?

Mais uma vez o Monge declinou do seu merecido descanso e disse-lhes:

– Vou lhes falar da minha experiência acerca das "múltiplas faces do saber e do sucesso" e, como já sei do interesse de vocês, vou abrir o tema e falar sobre todos os seus aspectos relevantes: do sonho à realidade; da retórica ao pragmatismo; do saber; das adversidades, a que todos nos sujeitamos; da criatividade; do comodismo e do sucesso. Foram muitos anos de estudo e trabalho para entender, com maior profundidade, a importância de cada questão e o que é positivo e negativo em relação aos objetivos que se pretende alcançar...

DO SONHO À REALIDADE; DA RETÓRICA AO PRAGMATISMO

Sonhar é preciso, porém deve-se sonhar um sonho possível.

A riqueza de detalhes e diferenças na natureza humana é que nos permite encontrar pessoas que tiveram a mesma formação, que foram criadas no mesmo ambiente e que, no entanto, são totalmente diferentes nos gostos, nas preferências, nos comportamentos e nas aspirações de vida. Como vivem no presente e o que pretendem para o futuro.

Em meio a essas diversidades, encontramos pessoas que sonham, mas que perseguem diuturnamente os seus objetivos e trabalham arduamente para alcançá-los. Trabalham para transformar sonhos em realidade.

Para tal, são pragmáticas, criativas, perseverantes e não se afastam de uma trajetória de vida que possa prejudicá-las em seus objetivos.

Para essas pessoas, o tempo é precioso e, diante dessa inexorável realidade, não se dão o direito de divagar em um transe emocional que o disperse de seus objetivos. Há, permanentemente, uma preocupação em construir, fazer acontecer e a evoluir em seus projetos.

Entretanto, na diversidade da vida que conhecemos, existem pessoas que vivem um eterno sonhar com coisas até possíveis, mas, com outras, quase impossíveis.

Não são nada empreendedoras, e mesmo os sonhos possíveis acabam não se materializando por falta de ações efetivas e de persistência.

Além de curto, o nosso tempo passa depressa e, para essas pessoas, via de regra, fica um sentimento de impotência, de incompetência e de infelicidade. O mundo se apresenta como contrário aos seus objetivos.

Elas não conseguem enxergar o quanto podem fazer, o quanto são competentes e, em suas divagações, esquecem que não existe almoço grátis e que existem muitos concorrentes sonhando os mesmos sonhos, porém transformados em projetos de vida e, como tal, trabalhados persistentemente para que se realizem.

Para essas pessoas, eu menciono a frase do ex-presidente norte-americano, Abraham Lincoln: "Para se fazer uma grande caminhada, é preciso dar o primeiro passo".

Os fatos econômicos e sociais, em nosso país e no exterior, alteram a estrutura das diretrizes empresariais, que podem provocar modificações nos planos empresariais e nas carreiras profissionais, induzindo-os para outras rotas, antes não previstas e não planejadas.

A história econômica mostra-nos que, a partir de crises mundiais, os países, empresas e profissionais encontraram soluções, às vezes dolorosas para o momento, mas que lhes possibilitaram sair delas mais fortalecidos e vitoriosos. As grandes crises mundiais que perpassaram pela primeira guerra mundial, pela crise de 1929/1930 e pela segunda grande guerra mundial, induziram a grandes transformações socioeconômicas no mundo, propiciando o avanço tecnológico e as estruturações das grandes instituições, como a Organizações das Nações Unidas (ONU), o Fundo Monetário Internacional (FMI), o Banco Internacional de Reconstrução e Desenvolvimento (BIRD), o Banco Mundial e, mais tarde, o Banco Interamericano de Desenvolvimento (BID), o Banco de Compensação Internacional (BIS), a Organização Mundial de Comércio (OMC), os blocos econômicos e a globalização das economias.

Como podemos ver, ao contrário do imaginário de muitas pessoas, as crises, muitas vezes, oportunizam aos países, às empresas e aos profissionais bem posicionados, condições para crescimento, para conquista de mercados e para uma grande evolução. É claro que o planejamento das iniciativas deve ser bem estruturado, o trabalho deve ser maior e com muita perseverança e determinação.

É preciso acreditar que somos capazes e fazer dessa crença a motivação para sermos vencedores e ampliar, com segurança, o nosso "saber".

O SABER

O saber não tem limites e, um dado importante, é as pessoas que sabem muito são humildes, pois reconhecem que sabem relativamente pouco e valorizam o pouco que os outros sabem.

Essa é uma grande lição de vida que, ao assumi-la, estaremos muito mais preparados para as adversidades, seremos menos críticos e o respeito pelo nosso semelhante e colegas de trabalho será maior, pois estaremos sempre abertos a reconhecer a nossa pequenez e a valorizar o conhecimento, o trabalho e os dons das pessoas com as quais convivemos. É quase uma profissão de fé.

A realidade acima é perfeitamente visualizável por nós, basta que estejamos atentos para observar o comportamento de pessoas de elevado conhecimento e sabedoria de vida, para enxergar a simplicidade com que expõem as suas ideias e como se posicionam em sua vida.

Ao contrário, as pessoas que sabem pouco muitas vezes são orgulhosas e subestimam aqueles que muito sabem.

As pessoas de sucesso reconhecem essas verdades e estão, permanentemente, investindo na ampliação dos conhecimentos adquiridos e em novo saber. Estão sempre dispostas a sacrificar o conforto e as condições cômodas para usar o tempo no aprimoramento do estudo, da pesquisa e do conhecimento.

Ao contrário, as pessoas que ainda não conseguiram sucesso e que, diante de uma situação desconfortável, deveriam envidar o maior esforço possível para romper o círculo negativo, acabam vencidas pelas dificuldades, deixando-se abater e não investindo na elevação da aprendizagem e do conhecimento, se defasando, ainda mais, das exigências do mercado.

É preciso encontrar forças internas para se sobrepor às dificuldades, romper com a inércia e, com todo o empenho possível, buscar novos horizontes na vida.

Ao longo dos 40 anos de magistério superior, encontrei alunos com dificuldades em algumas disciplinas, as quais foram superadas com muito esforço, persistência e determinação. Muitos deles acabaram se transformando em referência para os seus demais colegas de classe.

O caminho mais eficiente para ampliar os nossos conhecimentos é o da pesquisa, leitura, interpretação e o entendimento do que lemos e estudamos. Quando entendemos a essência de uma questão, a definição e a solução de um problema, estamos assimilando uma cultura que, ao praticá-la, estaremos adquirindo um *know-how* e alicerçando uma base sólida de conhecimento.

Ao longo de nossa vida, recebemos milhares de informações e ensinamentos. Se estivermos atentos a eles, meditarmos e estudarmos sobre seus conteúdos e verdades, vamos aprender e adquirir maior conhecimento e sabedoria.

Em nossa maturidade, é importante descobrir, o quanto antes, a nossa vocação, para procurar investir o nosso tempo, estudo e esforço de trabalho na direção certa. Se o fizermos, estaremos mais próximos da satisfação, da competência, da felicidade e do sucesso.

A evolução do conhecimento, da tecnologia da informação, da medicina, da engenharia, da física, da economia, por exemplo, leva-nos a entender que muitos dogmas e paradigmas considerados, até um dado momento, como verdades absolutas, a partir de novas informações, descobertas e fatos, perdem sua essência, tornam-se verdades relativas e o mundo descobre novos saberes e concepções que nortearão um novo posicionamento das pessoas, dos profissionais e das empresas.

Quando erramos é porque decidimos com convicção de que estávamos no caminho certo, segundo o nosso entendimento, as nossas informações, o nosso conhecimento e saber. Quando acertamos é porque decidimos segundo as mesmas premissas, porém de forma correta. Existe um ditado popular que diz que somente erra quem faz.

É sábio compreender que as "adversidades" estarão sempre presentes na trajetória de nossa vida e também nos negócios.

A ADVERSIDADE

Ninguém pode afirmar que em sua vida e em seus negócios nunca experimentou ou que nunca experimentará adversidades. A própria dinâmica de vida pode nos conduzir a erros e adentrarmos em uma fase menos produtiva ou improdutiva, afetando o desempenho pessoal e dos negócios.

Quando cultivamos o equilíbrio emocional, quando reconhecemos a nossa pequenez e entendemos as faltas e os desequilíbrios das pessoas, estaremos mais preparados para enfrentar as adversidades e superá-las.

Em momento algum podemos afirmar categoricamente que nossas adversidades são fruto unicamente da falta de sorte, do azar. Quando, por um momento, pensamos dessa forma, é preciso refletir e buscar os fundamentos dos fatos para, a partir dessa conscientização, poder agir em contraponto para reverter a adversidade. Quando, ao contrário, nos prendemos somente à má sorte, as nossas possíveis ações corretivas podem ficar desfocadas ou até mesmo não existirem.

Quando se tem disciplina, tenacidade de ações e comportamento, o entendimento e a dimensão do certo e do errado, estaremos prontos a agir e recuperar o espaço, o tempo perdido e restabelecer o *status quo*. Em muitos casos é apenas uma questão de tempo.

Empresarialmente, é preciso estar sempre exercitando uma análise do negócio, com os seus pontos fortes e fracos. É preciso enxergar, à frente, quais as implicações no negócio das mudanças e alterações nos cenários econômicos internos e internacionais e planejar estrategicamente ações preventivas e de vanguarda para, além de evitar e, quando não possível, minimizar os efeitos negativos para a empresa. É preciso não somente enfrentar uma conjuntura ou fato adverso, mas também tirar proveito dos fatos favoráveis, como escreveu E.F. Schumacher: "Talvez não possamos fazer soprar os ventos, mas cada um de nós pode alçar a vela, de modo que, quando o vento vier, possamos capturá-lo".[2]

Com a crise de 2008, muitos países, investidores e empresas, em todo o mundo, perderam bilhões de dólares e tornaram-se, de uma hora para outra, menos ricos e menos poderosos.

Empresas que experimentavam desempenhos exuberantes passaram a sofrer fortes perdas em seu faturamento e prejuízos operacionais que as levaram a rever seus planos de negócios, suas estruturas e, em muitos casos, até o próprio negócio.

As adversidades estiveram presentes no mundo dos negócios no Brasil, no ano de 2012. As dificuldades econômicas enfrentadas pelos Estados Unidos, Europa e Japão provocaram efeitos negativos nas economias emergentes, que foram impactadas e experimentaram, também, queda de ritmo.

No caso do Brasil, a crise, que veio de fora, somou-se à inoperante política econômica do governo federal e, lamentavelmente, produziu um triste retrato, de proporções preocupantes para o futuro da economia brasileira. Vejamos:

- O crescimento do Produto Interno Bruto – PIB (soma de todas as riquezas produzidas pelo país) – ficou próximo de 1%;

---

[2] SCHUMACHER, Ernest Friedrich. *O Negócio é ser Pequeno*. Rio de Janeiro: Zahar, 1983.

- O Brasil exportou menos que em 2011 e atingiu o montante de US$ 242,5 bi. Importamos mais que o ano passado, chegando a US$ 223,1 bi, com um superávit na Balança Comercial de US$ 19,4 bi, inferior em 34,8% do saldo de 2011, que foi de US$ 29,8 bi;
- A produção industrial caiu 2,5%, em comparação com o ano de 2011;
- O nível de investimentos na economia brasileira (público e privado) caiu de 19% para cerca de 18% do PIB;
- O fluxo cambial - entrada de dólares no país - procedentes do turismo de estrangeiros no país, investimentos externos na Bolsa de Valores e Fundo de Investimentos, empréstimos tomados por empresas nacionais no exterior, remessa de lucro de empresas brasileiras instaladas no exterior para as suas matrizes no Brasil, Investimentos Diretos dos Estrangeiros - IED em ativo fixo no Brasil e outros, menos a saída de dólares do país pelos mesmos motivos - reversos - foi positivo em US$ 16,7 bi em 2012, bem longe do saldo de 2011, que foi de US$ 65,3 bi.

Muitas outras adversidades foram mantidas (não resolvidas), como a deficiente infraestrutura do país, com rodovias, ferrovias, portos e aeroportos, sem mencionar os problemas estruturais na educação e saúde.

Todos os números e fatos acima provocaram uma grande perda para a indústria nacional em 2012 e, seguramente, provocarão efeitos ainda negativos no primeiro semestre de 2013.

A crise econômica mundial, ocorrida a partir do segundo semestre de 2008, nos Estados Unidos, Europa e, em menor proporção, mas também no Japão, produziu a quebra de um grande banco de investimento, Lhemon Brothes e muitos bancos regionais nos EUA.

Empresas multinacionais de grande importância enfrentaram sérias dificuldades financeiras e precisaram ser socorridas pelo governo dos EUA e também de vários países europeus, para manter suas atividades.

Há quatro anos que as principais economias do mundo não conseguem crescer satisfatoriamente; os investimentos experimentam queda; o desemprego atinge quase 12% da População Economicamente Ativa na Europa (PEA), sendo que, em alguns países, como a Espanha, o desemprego atinge 25% da mão de obra ativa.

Os países, com elevado nível de endividamento, como Irlanda, Grécia, Itália, Portugal, Espanha, Estados Unidos e Japão, não conseguem se livrar de déficits em seus orçamentos anuais.

Essas adversidades não foram produzidos pela natureza, por conflitos, mas, essencialmente, pela busca desmedida de elevados ganhos financeiros.

Tanto no setor público, como no setor privado, o receituário para superar as adversidades envolve um conjunto de ações que exige maior disciplina, esforço de trabalho, determinação, perseverança e, como corolário maior, uma crença de que somos capazes e competentes para reverter a tendência da curva.

É preciso ter presente que, nem sempre, as adversidades podem ser superadas somente com maior esforço de trabalho e ações corretivas. Todavia, em todos os casos, deveremos também ter "criatividade" para vencê-las.

A CRIATIVIDADE

A criatividade é um dom que pessoas, profissionais e empresários podem cultivar, exercitar e aprimorar. Ela decorre da percepção acurada, da informação, do conhecimento e da visualização de uma modificação em processos, produtos ou do lançamento de um bem que possibilite melhoria do bem-estar, da eficiência e do resultado.

Existe, atualmente, um posicionamento em grandes organizações, nos países desenvolvidos, estimulando e premiando a criatividade, mesmo quando os seus resultados não são totalmente eficientes e positivos. Entende-se que quando se cria algo, uma nova metodologia de se produzir um bem material ou serviço (imaterial), cria-se também uma nova realidade com as suas virtudes e defeitos.

Como já vimos anteriormente, as grandes crises mundiais foram superadas com ideias inovadoras e criativas que possibilitaram a recuperação e o desenvolvimento da economia mundial.

Muitos negócios e empresas obtiveram retornos maiores e cresceram a partir da criatividade de seus idealizadores e empreendedores.

A necessidade urgente de uma decisão ou solução de um problema inibe a criatividade. Da mesma forma que a ansiedade aflorada não permite a materialização de um ambiente adequado e de um equilíbrio emocional e empresarial propício para uma solução. É preciso ter serenidade frente aos problemas e desafios para o desenvolvimento criativo e eficiente de soluções e/ou inovações que se traduzam em ganhos e resultados positivos, seja do ponto de vista pessoal, profissional ou empresarial ou até mesmo de um município, estado e país.

Como exemplo, recorrendo, mais uma vez, ao filósofo e economista, E.F. Schumacher, o qual desenvolveu a ideia que foi implementada no mundo da Tecnologia Intermediária, com a criação de núcleos de atividades econômicas em regiões pobres do mundo, a partir da utilização dos recursos escassos disponíveis, como mão de obra não especializada e matérias-primas, para a produção de produtos primários. Da sua implementação na Índia resultou o surgimento de cooperativas de produção e a criação de embriões de atividades progressistas e de vida digna.

A evolução natural da atividade econômica empresarial, da estrutura do comércio mundial e das economias, exige, permanentemente, inovações criativas por parte das empresas e dos países em todos os campos de atuação, seja da produção, da logística, do *marketing*, da tecnologia da informação, da engenharia financeira e societária, da infraestrutura do país e do planejamento estratégico.

Diante dessa realidade e desafios, a pergunta propositai e induzida é de como se posicionar profissionalmente?

A resposta poderá não ser tão fácil para muitos e também nem tão difícil para outros. O importante é ter presente que precisamos ser criativos e contemporâneos à evolução das necessidades e exigências do mercado para empreendermos na direção certa.

Sempre precisaremos buscar e deter informações dinâmicas para estudá-las e nos posicionarmos à sua frente. É preciso trabalhar permanentemente nossa imagem e competência, refletir sobre o que estamos produzindo e realizando de positivo em nossa vida e nas organizações e, principalmente, como estamos trabalhando a nossa evolução pessoal no presente, olhando para o futuro.

Como verificamos anteriormente, existe uma verdade quase absoluta que nos mostra que o "comodismo" não apenas compromete o resultado, mas inibe a criatividade e o sucesso.

O COMODISMO

A velocidade das transformações econômicas e sociais em todo o mundo, da informação em tempo real da internet, do fluxo do comércio mundial, do movimento dos mercados financeiro e de capitais, indica, claramente, que profissionais e empresas que estejam bem posicionadas no mercado não podem dar-se ao luxo de cochilar nem sequer por alguns momentos.

O comodismo é o inverso do dinamismo. Quando se acomoda, perde-se a noção da velocidade do tempo, da evolução tecnológica e científica que sustentam as atividades econômicas e da evolução pessoal e profissional dos trabalhadores e das empresas.

Nenhuma empresa que esteja vivendo, no momento presente, uma posição de sucesso e num círculo virtuoso, pode deixar de empreender, em tempo real, ações inovadoras, para poder manter-se positivamente no mercado e crescer.

Quando, por motivos quaisquer, deixarmos de agir com energia, lucidez e conhecimento, enquanto profissionais de mercado, seremos, inevitavelmente, ultrapassados por concorrentes e nos desvalorizando.

O encargo de uma empresa que detém um produto que é líder de mercado é o de estar permanentemente investindo no produto, seja na qualidade, na imagem, nos custos, na logística, na pesquisa de mercado na inovação, cuidando para manter a liderança, sabendo que seus concorrentes trabalham arduamente para conquistar o seu espaço.

A dinâmica do mundo moderno não coaduna com o comodismo. Em quaisquer circunstâncias nos diversos papéis que desempenhamos em nossa vida, não podemos estar desatentos, mal informados e posicionados. Precisamos estar, permanentemente, antenados com os fatos e informações, empreendendo ações positivas. A passividade e a equidistância dos problemas e oportunidades nos deixam frágeis, desconexados e inéptos para agirmos com competência e sabedoria.

Para evitar o "comodismo" do ponto de vista empresarial, é preciso estabelecer um modelo de gestão empresarial que contemple um plano de metas, de objetivos a serem alcançados, de treinamento funcional, de premiação por etapas conquistadas, de foco nas tendências do mercado e no posicionamento concorrencial.

Profissionalmente, não podemos nos acomodar com posições ou objetivos alcançados. Precisamos sempre nos motivar com a definição de uma nova etapa que precisaremos cumprir, sempre voltada para o aprimoramento do nosso conhecimento e competências.

Pessoalmente, acomodar-se representa parar no tempo; representa não aspirar coisas novas, não amanhecer para a vida, não contemplar os raios solares e a luminosidade e exuberância da Lua. Representa não exercer uma etapa importante e que deva ser constante em nossa vida.

Sonhar.

O comodismo não é próprio de vencedores. E uma condicionante que inibe o "sucesso".

O SUCESSO

O sucesso não é estático, é dinâmico. Portanto, pode variar de intensidade no tempo e no espaço. O sucesso não é gratuito nem cego, é resultado do esforço do trabalho, da disciplina, da determinação, da perseverança, da competência e do senso de oportunidade.

Não se pode creditar, como um evento certo, que o sucesso procede da sorte.

É importante ressaltar que ele precisa ser cultivado e perseguido permanentemente para ser mantido. Cultivar e trabalhar o sucesso é uma arte que requer paciência, determinação e perseverança.

Do ponto de vista de um atleta, por exemplo, é perfeitamente identificável períodos de sucesso maior, menor e até de fracasso. Às vezes identificamos as três fases e, num período próximo, a volta ao sucesso.

Em relação ao sucesso profissional, para a sua manutenção é preciso estar permanentemente conectado nas suas atribuições, empreender um contínuo esforço de trabalho, de estudo, estar bem informado sobre as suas atividades, o comportamento e tendências do mercado, ser realizador e comprometido.

Quanto às empresas de sucesso, uma de suas características é que são empresas de vanguarda, dinâmicas, bem informadas, empreendedoras e, como destaque, bem dirigidas e estruturadas em todos os seus departamentos. Cuidam, permanentemente, de manter uma sinergia positiva em toda a empresa e, sistematicamente, desenvolvem programas de sustentabilidade, de investimentos e de crescimento.

Os ciclos econômicos alteram as perspectivas e tendências de muitos negócios, assim como a política macroeconômica de um país e a conjuntura internacional provocam, como efeito, intercadências na microeconomia, que podem afetar os negócios de muitos segmentos empresariais.

"É importante lembrar, todavia que não tropeçamos nas grandes montanhas, mas nas pequenas pedras."[3]

Ter um planejamento estratégico que contemple o estudo e analise as tendências para poder agir positiva e preventivamente frente às oscilações do mercado é sempre uma importante precondição de sucesso.

Com a globalização das economias, a criatividade empresarial é de vital importância nas organizações. A partir

---

[3] CURY, Augusto. *O Semeador de Ideias*. São Paulo: Academia de Inteligência, 2010.

dela, muitas empresas conseguem andar à frente de seus concorrentes e ter sucesso.

Decisões e iniciativas dinâmicas, diante de um novo quadro econômico, de uma nova situação de mercado ou comportamento da sociedade, podem somar resultados positivos e possibilitar o sucesso nos negócios. Pelos menos durante um certo período.

À frente, todavia, é previsível um novo ciclo econômico e, que ocorram novas mudanças de comportamento dos agentes econômicos, um novo quadro com alterações de mercado da economia mundial, que podem tornar as decisões e iniciativas anteriores infrutíferas e com resultados menos relevantes. Portanto, quem dirige e administra não pode ter um olhar fixo apenas no retrovisor, nas conquistas realizadas, mas, principalmente, deve olhar para a frente, observando atentamente as mudanças que ocorrem, suas tendências e, a partir delas, se reposicionar com um novo plano de ações, investimentos e treinamentos, para manter o sucesso.

Mas, afinal, o que é sucesso? É um estado de espírito? Resulta de uma grande satisfação? É o grande prazer em poder contemplar as realizações, conquistas, vitórias, crescimento profissional, empresarial ou crescimento do patrimônio? É o fato do estabelecimento de uma família bem constituída?

Tenho presente que o sucesso seja o resultado de um pouco de cada um desses fatos. Ele é reconhecido, muito mais por terceiros, em relação à pessoa. Pode ser enfatizado pelos seus familiares, mas a própria pessoa deve ter cautela em seu juízo de valores.

Para se sentir como alguém que teve sucesso em sua vida pessoal, profissional ou empresarial, é preciso desapegar-se do egoísmo intrínseco de nossa vida, e aquietar o instinto voraz de querermos sempre mais e mais. É preciso saber dividir o tempo e a vida em suas múltiplas faces e dimensões, e, olhando um pouco mais à frente, confrontar a nossa pequenez e o que conquistamos, olhar o presente e visualizar o futuro e, se construímos coisas boas em nossa vida, em nossas empresas, poderemos contemplar o sucesso de nossas ações e do nosso trabalho.

CAPÍTULO 3

O POSICIONAMENTO PROFISSIONAL

... Mesmo constrangidos pelo adiantado da hora, mas sabendo que aquele encontro e a sabedoria dos ensinamentos do Monge representavam uma oportunidade única em suas vidas, arriscaram, já pedindo desculpas, mais uma pergunta ao "Mestre".

Entendemos a importância de se estabelecer "Âncoras de Sustentação" e, aspectos fundamentais das "Faces do saber e do sucesso", porém gostaríamos de conhecer e aprender mais sobre uma questão estratégica e inestimável para nós. Como nos posicionar profissionalmente?

O Monge respondeu:

– Meus caros, já de antemão prevejo um futuro promissor para vocês, uma vez que agem e pensam com muita sensibilidade e prudência. Em primeiro lugar é preciso valorizar a "importância do ser humano nas empresas", em segundo, exercer uma "liderança autêntica", verdadeira. É preciso deixar de lado o orgulho e a vaidade, trabalhar arduamente, com toda "determinação e perseverança", e, por último, o que é fundamental para tudo que fizermos em nossa vida: nos mantermos, o tempo todo, "motivados"...

A IMPORTÂNCIA DO SER HUMANO NAS EMPRESAS

As tecnologias de produção mais avançadas são, nada mais, nada menos, instrumentos inanimados. A partir da Revolução Industrial, nos séculos XVIII e XIX, com a Escola Clássica ou Ideia Liberal, o mundo iniciou um processo contínuo e persistente de produção e inovações tecnológicas que possibilitassem garantir vantagens comparativas no comércio mundial. Esse processo foi ampliado no início dos anos 1980, com o Consenso de Washington, da abertura das economias e privatização de empresas estatais, num ambiente crescente de globalização econômica.

Em todo esse período que perpassa pela 1ª e 2ª Grandes Guerras, o fator capital foi alvo de uma supremacia sobre o fator trabalho que, ao contrário, experimentou os reveses das crises econômicas, amargando períodos intermitentes de desemprego e queda de renda, como verificamos, novamente, a partir de 2008, e até os dias de hoje, nos Estados Unidos e na Europa.

A verdade é que o mundo, na busca incessante do lucro e do poder, investe cada vez mais somas astronômicas na evolução do capital, (tecnologia), entendendo que o trabalhador, a curso forçado, se aprimorará para operacionalizar à tecnologia empregada.

Em meio a essa realidade mundial, o trabalhador experimenta a falta de reconhecimento e, em grande parte, de ambientes de trabalho que lhe assegure treinamento, confiança, retorno e fidedignidade. Sofre com a insegurança da ameaça de desemprego e com o estresse funcional e emocional.

Paradoxalmente, vale registrar que a capacidade de pensar, agir, sentir, criar e vibrar com os fatos positivos não pertence ao fator capital, mas, sim, ao fator trabalho.

As empresas de sucesso são exatamente aquelas que reconhecem a importância e investem sistematicamente em seus colaboradores, colocando-os no devido lugar, como preponderantes e determinantes para o crescimento e a lucratividade das empresas. Naturalmente que essas empresas de vanguarda não deixam de investir também, permanentemente, na modernidade tecnológica do seu instrumental produtivo.

Segundo o Dr. Marcelo Dractu, gestor do Sistema de Saúde pelo Galilee College (Israel) e pesquisador na área de terapia cognitivo-comportamental, as grandes corporações experimentam enormes perdas financeiras pela queda de rendimento de seus trabalhadores, com doenças ocupacionais, transtornos de ansiedade e de humor, como a Síndrome de Burñout (esgotamento físico e mental causado pelo excesso de trabalho), fobias, transtorno obsessivo-compulsivo, estresse e "workoholismo". "Ansiosos por serem bons profissionais, muitos funcionários acabam deixando, em segundo plano, a qualidade de vida."

"Um estudo publicado pela Escola de Medicina de Harvard mostrou que em 2007 empresas americanas tiveram prejuízo de US$ 44 bilhões devido a problemas de saúde de seus funcionários."

Ratificando a importância de se valorizar os trabalhadores, um levantamento feito pela Associação Brasileira de Qualidade de Vida (ABQV) com 27 empresas que possuem programas de gerenciamento de estresse dedicados a funcionários, mostrou que a produtividade aumentou em média 30% nos últimos dez anos. Entre as ações preferidas dessas empresas estão a massagem, o *yoga* e o *shiatsu*.

No livro de minha autoria e da economista, Lúcia Maria Alves de Oliveira (*A Gestão Ética, Competente e Consciente*. São Paulo: M.Books, 2008), encontramos no Capítulo 3 (p. 28) "O Ser Humano nas Empresas", os textos a seguir que ratificam a importância maior do ser humano:

"Entre os fatores produtivos de uma empresa, constituídos pelo capital, recursos naturais e trabalho, é este último que realmente conduz os negócios e seus resultados." Como bem ressalta Larry Bossidy "(...) é a qualidade das pessoas que você atrai e mantém em sua empresa que determinará seu sucesso ou fracasso.

E relembrando uma afirmação de E. F. Schumacher, que diz: "Por que zelar pelas pessoas? Porque elas são a fonte primária e suprema de toda e qualquer riqueza".

Um grande desafio para as empresas e trabalhadores é o investimento que devem fazer em qualificação.

Em matéria no jornal *O Estado de S. Paulo*, de 21 de setembro de 2010 – "Notas e Informações" – encontramos o importante texto:

"Em pesquisa sobre a qualificação profissional dos estrangeiros autorizados a trabalhar no Brasil, na qual constatou que 90% deles possuem ensino médio completo ou ensino superior, o Ministério do Trabalho e Emprego adverte que é imprescindível que a mão de obra nacional esteja preparada para competir com os estrangeiros pelos postos de trabalho".

O problema alcançou tal gravidade que especialistas apontam para o risco de haver um "apagão" de mão de obra no País.

Nos últimos anos, a entrada de trabalhadores estrangeiros no País se intensificou em razão da crise mundial e do desempenho satisfatório da economia brasileira. Aproximadamente 25 mil profissionais estrangeiros foram autorizados pelo governo a trabalhar no País em 2005 e 2006, e passou-se a aproximadamente 50 mil por ano em 2011 e 2012, de acordo com o estudo "Trabalhadores estrangeiros e qualificação profissional", divulgado pelo Ministérios do Trabalho.

O Brasil precisa, urgentemente, estabelecer um forte programa nacional de treinamento e aperfeiçoamento profissional, em nível técnico, para formar líderes capazes de conduzir, com competência, os setores básicos das empresas nacionais.

Na Califórnia, executivos da Netflix, falam sobre o livro *Drive* (*Riverhead*) – lançado no Brasil como *Motivação 3.0* (Campus/Elsevier), do americano Daniel Pink, considerado um guru no mercado dos negócios.

No livro, o autor registra temas relacionados a engajamento de equipes – o salário e os benefícios materiais não são mais suficientes para manter ou motivar os funcionários.

No livro, Pink detalha estudos sobre a motivação e a recompensa, muito aplicados na economia comportamental. Dessa forma, ele destaca que hoje, na "era do conhecimento", as companhias precisam favorecer a autonomia e o aprendizado das equipes e oferecer um propósito social para o trabalho.

Tudo isso, claro, como complemento à remuneração material.[4]

Somente com "lideranças autênticas", será possível recuperar o poder de competitividade internacional dos produtos industrializados pelo país.

A LIDERANÇA AUTÊNTICA

É muito comum ouvir a expressão de que tal pessoa é um líder nato. É verdade que muitas pessoas têm o dom de congregar, de somar esforços e, como tal, de liderar. É importante, todavia, registrar que a liderança deva ser permanentemente cultivada pelo líder que, de forma ininterrupta, deva empreender ações reflexivas sobre seus atos em relação aos seus colaboradores, ao mercadoe aos objetivos e às necessidades da empresa. É preciso entender, enquanto líder, que a empresa é maior do que o seu ego e suas aspirações pessoais e que, em suas funções, está a serviço da empresa e que, embora seja importante

[4] *Folha de S. Paulo*. 4 abr. 2012. B2. Mercado.

pela posição que ocupa, representa parte de um todo que deve se somar para produzir algo de bom para a organização.

A liderança que exerce as suas funções com equilíbrio emocional e sentido de justiça, com isenção de interesses pessoais e vaidades, contribui de forma decisiva para o sucesso da empresa. Ela, por meio de seus atos consecutivos, ao longo do tempo, torna-se autêntica, reconhecida e aceita pela sua competência e, em todos os momentos, encontrará equipes dispostas a cumprir suas diretrizes e determinações, com adequado esforço de trabalho. A empresa ganhará com uma sinergia amplamente positiva.

Um grande general comanda o seu exército exatamente dessa forma e, se for preciso, seus soldados estarão dispostos a dar a vida para vencer a guerra e defendê-lo.

Um gesto de reconhecimento, uma palavra amiga, uma ação solidária, quando necessários, fazem parte do exercício da função de um verdadeiro líder. Não se pode imaginar apenas uma relação profissional fria, de permanente cobrança entre o líder e seus comandados. A busca sistemática de equilíbrio nessas ações resulta em números positivos para toda a empresa.

Como toda atividade de uma empresa é dinâmica, as ações, os problemas e suas soluções e os novos desafios exigem posicionamentos dinâmicos, em tempo quase real, que precisam ser liderados com criatividade e competência.

Assim deve ser o exercício da atividade do líder, para que não se perca no dia a conquista do dia anterior e para manter, permanentemente, acesa a chama do melhor e de vibrar com as conquistas obtidas.

Ao contrário, quando o líder não reconhece o trabalho da equipe, quando se coloca na posição superior de que o sucesso depende essencialmente dele, o ambiente de trabalho é desanimador e os trabalhadores se sentem como objeto de uso e perdem o entusiasmo pelo que fazem – o resultado é desastroso para todos e, principalmente, para a empresa.

> "Sempre que duas ou mais pessoas se reúnem com um propósito, há uma oportunidade de exercer a liderança.
> (...)
> Exercer influência sobre os outros, que é a verdadeira liderança, estar disponível para todos, requer uma enorme doação pessoal.
> (...)
> Liderança: é a habilidade de influenciar pessoas para trabalharem com entusiasmo visando atingir aos objetivos identificados como sendo para o bem comum.
> (...)
> Uma habilidade é simplesmente uma capacidade adquirida.
> (...)
> Liderança – influenciar os outros – é uma habilidade que pode ser aprendida e desenvolvida por alguém que tenha desejo e pratique as ações adequadas."[5]

Liderar é, entre outros:

- conhecer o perfil individual e coletivo de sua equipe;
- estar próximo dos liderados;
- ser solidário;
- planejar o trabalho, os objetivos que se deseja alcançar e as ações;
- estabelecer metas e acompanhar o trabalho de sua equipe;
- é cobrar resultados;
- é reconhecer e valorizar o trabalho eficiente;
- é conhecer e procurar corrigir os gargalos e deficiências operacionais do seu setor ou de sua empresa;

---

[5] James C. Hunter. *O Monge e o Executivo*. 15. ed. Rio de Janeiro: Sextante, 2004.

- é saber o que ocorre no "mercado" e suas tendências;
- é estar permanentemente conectado nas informações e nos resultados operacionais;
- é planejar estrategicamente o crescimento e a melhoria do seu setor ou da empresa;
- construir, permanentemente, uma sinergia positiva no seu departamento, interdepartamentos e na empresa;
- é buscar, incessantemente, melhorias contínuas e economias de escala.

"Por que alguns líderes são bem-sucedidos, enquanto outros fracassam? Especificamente, que combinação de habilidades e conhecimentos é necessária para a liderança eficaz?

(...)

No centro de criatividade sobre liderança, através da pesquisa e da experiência com milhares de executivos de várias organizações ao longo de 20 anos, junto a identificamos algumas habilidades ou competências genéricas associadas à liderança eficaz.

(...)

Entretanto, igualmente duradouras são as habilidades oriundas da compreensão de si mesmo e da capacidade de trabalhar com os outros."[6]

(...)

Elas incluem os seguintes atributos principais:

"1. Autoconsciência elevada – É fundamental uma compreensão abrangente de nossos pontos fracos e fortes, de como são percebidos pelos outros e de como afetam as outras pessoas. Esse autoconhecimento possi-

---

[6] Frances, Hesselbein; Goldsmith, Marshall; Beckhard, Ricard. *A Organização do Futuro*. Peter F. Drucker Foundation. São Paulo: Futura, 1997.

bilita ao líder mudar comportamentos que servem de obstáculo à eficácia, reforçar condutas que a melhoram e planejar o desenvolvimento pessoal.

2. Hábito de solicitar *feedback*. Estimulando o *feedback* sincero e construtivo de outros chefes, colegas e subordinados diretos que os líderes desenvolvem a autoconsciência capaz de formar a base para a mudança e a ação pessoais.
3. Sede de aprender. A receptividade aos novos conhecimentos e a disposição para mudar suas perspectivas e os comportamentos nelas baseados pode ser crítica. Nossa pesquisa revelou que a experiência obtida no exercício da função é o melhor professor. O desafio reside em aprender a como aprender efetivamente com essas experiências e ajustar o próprio comportamento de acordo com elas.
4. Integração da vida profissional e pessoal. Conduzir uma organização e viver a própria vida estão intimamente ligados, pois líderes eficazes devem ter uma clara visão de si mesmos como pessoas completas, não apenas como pessoas definidas pela carreira ou pela posição profissional.
5. Todo líder precisa encontrar um oásis para se reabastecer pessoal e espiritualmente. O oásis pode ser diferente para cada pessoa, porém ele existe e é a fonte de força e estabilidade pessoais do líder em tempos de incerteza e mudança.
6. Respeito pela diferença. Para ser eficaz na globalização emergente, o líder global precisa ter consciência da imensa diferença existente entre as pessoas e as situações e ser sensível a ela.[7]

[7] Idem.

Enfim, para se exercer uma liderança autêntica, é preciso uma dose de humildade, sentido de equipe e reconhecimento pelo desempenho dos colaboradores. O que não poderá ocorrer é que a liderança se vista de "orgulho e vaidade".

O ORGULHO E A VAIDADE

Após uma longa caminhada na trajetória de nossa vida, é preciso refletir sobre as nossas realizações, enquanto pessoas e profissionais, e nos orgulhar daquilo que empreendemos de bom.

Olhar para o passado e contemplar no presente os frutos do trabalho e do sacrifício, que já se colhe positivamente, deve ser como um bálsamo para aquietar os impulsos da agressividade compulsiva de querer ter infinitamente mais. Por mais ricos e poderosos que sejamos, não seremos capazes de almoçar duas vezes seguidas, por mais deliciosa que seja a comida. Se tivermos tanta riqueza que nos permita viver somente desfrutando a vida, poderemos ficar tão deslocados diante das demais pessoas que trabalham e lutam pela sobrevivência, que o nosso viver poderá cair numa rotina, sem graça e, em muitos casos, totalmente sem sentido e motivação.

Para construir o mundo, Deus trabalhou seis dias, para somente descansar no sétimo dia.

Quando, todavia, enfatizamos que devemos nos orgulhar de nossas realizações positivas, estamos pensando no orgulho construtivo, respeitoso e reconhecedor também das nossas limitações.

O orgulho cego de quem venceu na vida e, por isso, acredita e se posiciona como um ser superior, com superpoderes que o leve a subestimar as pessoas, colegas de trabalho ou colaboradores, estará caminhando lenta e progressivamente para o inexorável fracasso. É apenas uma questão de tempo.

O orgulho exacerbado nos induz à vaidade, condição que, a partir dela, somos levados a olhar para a sociedade, de cima para baixo e nos levar à sagacidade de querermos nos relacionar apenas com pessoas poderosas e, quase sempre, mais bem posicionadas que nós.

Quando estamos nesse nível, perdemos a capacidade de ter compaixão e misericórdia e, em muitos casos, corremos o risco de nos distanciarmos dos entes queridos e até de Deus...

O orgulho e a vaidade de um empresário bem-sucedido o conduz à possibilidade de não escutar as observações de seus colaboradores fiéis e enxergar os seus erros e os erros cometidos por sua empresa. Mais que isso, pode afastá-lo de sua equipe interessada e comprometida e o aproximar de interesseiros e pessoas que lhe fazem falsos elogios. Quando a sua empresa e negócios experimentarem uma reversão de expectativa, poderá deparar-se com um fosso profundo, escuro, sem ventilação e de muito difícil subida.

O orgulho e a vaidade têm um fim trágico: o isolamento, o não reconhecimento e o juízo pesado de consciência de que o tempo não voltará mais, de que as suas ações não retrocederão e de que perdeu uma oportunidade única e preciosa em sua vida, de ser uma pessoa equilibrada em suas ações, reconhecida pelas pessoas e colaboradores e que, certamente, se assim tivesse agido, lhe daria conforto, paz e sentimento do dever cumprido, com dignidade.

Em nenhum momento de nossas vidas e, em quaisquer circunstâncias, devemos nos sentir absolutamente poderosos de tal forma que nos leve a agir com orgulho e vaidade exacerbados.

Na nossa vida profissional é preciso que sejamos reconhecidos pela nossa competência, pelo equilíbrio de nossas ações, pela natural autoridade e não pelo poder.

Existe uma grande diferença entre o poder e a autoridade:

"Diferença entre poder e autoridade", um dos fundadores da Sociologia, Max Weber, escreveu há muito anos um livro chamado *The Theory of Social and Economic Organization* (A Teoria da Organização Econômica e Social), onde destaca:

> "Poder: é a faculdade de forçar ou coagir alguém a fazer sua vontade, por causa de sua posição ou força, mesmo que a pessoa preferisse não o fazer.
> (...)
> Autoridade: a habilidade de levar as pessoas a fazerem "de boa vontade" o que você quer por causa de sua influência pessoal.
> (...)
> O poder pode ser vendido e comprado, dado e tomado.
> (...)
> A autoridade não pode ser comprada, nem vendida, nem dada ou tomada."[8]

A nossa vida, por mais rica e abundante que seja, é efêmera e se tornará, em algum momento, absolutamente silenciosa.

Em uma reflexão maior, podemos considerar que o orgulho e a vaidade se apresentam em nossa vida como atalhos ruins em nossos caminhos, como uma perda de equilíbrio, como um apagão em nossa sabedoria.

Ao contrário, quando estamos equilibrados em nossa vida, em nosso trabalho e empresa, estaremos sempre enfrentando os novos desafios com "determinação e perseverança", com dignidade, simplicidade e respeito funcional.

---

[8] James C. Hunter. *O Monge e o Executivo*. 15. ed. Rio de Janeiro. Sextante, 2004.

A DETERMINAÇÃO E A PERSEVERANÇA

Existem no mundo milhares de pessoas com dons especiais sem, todavia, cultivá-los. Existe também uma infinidade de pessoas que cultivam silenciosamente seus dons. E, como é próprio da natureza humana, muitos perseguem e trabalham arduamente os objetivos de vida, segundo seus dons, oportunidades e vão se tornando pessoas de destaque e bem-sucedidas na vida.

O mundo da globalização das economias e da informação em tempo real requer de todos nós um esforço permanente para nos manter positivamente no mercado e em nossas posições.

Um dos segredos do sucesso está relacionado a nossa competência e comprometimento para o que estivermos fazendo e, a partir daí, preponderantemente, da nossa disciplina, do esforço de trabalho, da determinação e perseverança.

A história mostra-nos que muitas empresas e profissionais, que trabalharam durante um período com competência e ordenamento econômico e social, experimentaram um crescimento com resultados que se tornaram, gradativamente, sustentáveis.

É importante ter presente que a determinação e a perseverança exigem disciplina e sacrifício pessoal e profissional. A evolução na vida e das empresas não acontece por acaso, assim como ninguém conseguirá viver a vida toda gratuitamente.

Enquanto muitos se deliciam na vida gastando boa parte do seu tempo em diversões e festas, outros usam igual tempo para estudo e pesquisa, para reuniões de negócios ou negócios benevolentes, para contatos estrategicamente planejados, plantando o futuro e estruturando uma base sólida para ter sucesso.

Não adianta termos um projeto maravilhoso de uma casa e querermos construí-la numa velocidade quase impossível, atropelando as fases da estrutura básica para, ao final, poderemos ter casa pronta, porém com uma infinidade de defeitos. Este exemplo é para que saibamos que mesmo com competência, determinação e perseverança, é preciso dar tempo para o amadurecimento do nosso esforço, para que sejam queimadas as etapas ao seu tempo e, ao final, termos reconhecimento e sucesso. Se corrermos exageradamente e atropelarmos as pessoas e as etapas, poderemos ter um sucesso efêmero, sem sustentabilidade.

Um aspecto importante para refletirmos sobre estas considerações é que precisamos reconhecer que não estamos sozinhos nessa competição. Como nós, existem milhares de pessoas em todo o mundo que podem ter os mesmos objetivos, ambições e que podem estar empreendendo um esforço maior e mais produtivo do que o nosso.

A relevância da determinação e perseverança é que elas nos levam a não desanimarmos diante das dificuldades, dos desafios e das adversidades próprias da vida, no trabalho e nos negócios, impulsionando-nos para prosseguirmos firmes em nossos objetivos.

Com esse espírito de luta, as dificuldades reais são relativisadas, os obstáculos são vencidos e se tornam novas alavancas para o crescimento dos negócios. Nessa interação, uma condição torna-se preponderante para a vida pessoal, profissional e empresarial: a motivação.

A MOTIVAÇÃO

As dificuldades que nos são impostas pela vida moderna, em muitas de suas etapas, às vezes, nos deixam um sentimento de cansaço, de impotência diante dos desafios, enfim, um estado de espírito de desânimo que nos abate e nos deprime.

Para rompermos esse círculo perverso, é preciso encontrar forças na motivação.

Como nos motivarmos frente à magnitude dessa situação? É preciso focar a nossa mente nos aspectos positivos de nossa vida, nas conquistas obtidas, na análise do nosso crescimento pessoal, profissional ou empresarial e acionar a nossa consciência para neutralizar os fatos negativos e aflorar os positivos. A motivação também é uma precondição essencial para o sucesso.

Um profissional só será bem-sucedido mantendo-se sempre motivado, pronto para novos desafios, que serão enxergados sempre como novas oportunidades, como progressos e nunca como problemas.

Um empresário somente poderá conduzir bem a sua empresa se estiver motivado para o trabalho, para enfrentar as dificuldades e empreender permanentemente.

Sem motivação será sempre difícil levantar pela manhã. As notícias boas poderão ser recebidas com ceticismo e os resultados positivos das iniciativas bem-sucedidas poderão ser vistos como novos problemas e não como conquistas.

Os ciclos econômicos proporcionam às empresas períodos de prosperidade e, às vezes, períodos de depressão ou de dificuldades. Como vencer, sem a motivação, essa segunda etapa, que poderá ter uma média ou longa duração, que surgiram, independentemente, de nossas ações e vontades? Quase impossível? Somente motivados é que poderemos também entusiasmar os nossos colaboradores e juntos buscar soluções para os problemas e usar da criatividade para encontrar novos caminhos e possibilidades para a empresa.

O nosso poder de superação e o de nossa equipe somente se materializarão a partir da motivação e, a partir dela, do foco no negócio e muito trabalho.

A fadiga decorrente de um longo período de trabalho, as preocupações e o estresse, que são um subproduto do capitalismo selvagem de alta competição, nos dão a sensação de esgotamento e de fraqueza e, para buscarmos o nosso equilíbrio emocional, lembramos que os momentos sagrados da oração poderão nos ajudar a superar as dificuldades e nos dar forças para nos motivarmos.

É importante ter presente que, se não podemos mudar o mundo, podemos mudar a nossa trajetória no mundo. Esse mudar não representa, necessariamente, uma transformação radical em nossa vida, naquilo que fazemos, no nosso convívio familiar e social, mas, sim, o entender e assumir uma nova concepção de vida para, depois, iniciarmos, gradativamente, um novo caminhar na direção do que planejamos, do que gostaríamos de fazer e provocar o reascender da motivação e da felicidade.

A história econômica nos mostra que a economia mundial vive períodos de prosperidade e períodos de dificuldades e, às vezes, até de depressão. Esses fatos, analisados do ponto de vista macroeconômico, retratam, consequentemente, os seus efeitos na microeconomia, portanto, nas empresas e seus trabalhadores, com reflexos em suas famílias.

A história nos mostra também que o mundo que passou pela crise de 1929/1930 e por duas grandes guerras mundiais se recuperou e prosperou aceleradamente, de forma inimaginável.

Essas grandes transformações somente ocorreram porque os governantes dos países, os empresários, os executivos e os trabalhadores encontraram forças para trabalhar e vencer as dificuldades.

O corolário dessas iniciativas e superações teve, sem sombra de dúvidas, o que podemos chamar de uma palavra mágica e vital: a motivação.

CAPÍTULO 4

O EQUILÍBRIO

... Mestre, perdoe-nos pelo tempo precioso que tem dedicado a nos ensinar e, desta vez, prometemos que faremos a última pergunta. Em um mundo tão materialista, em meio a um capitalismo que elege, prioritária e soberanamente "o lucro" nos negócios e que, em função do resultado, gira a nossa vida pessoal, a evolução profissional e a performance empresarial, qual o segredo e a essência para ter "equilíbrio"?

O Mestre respondeu que o equilíbrio nos deve afastar do egoísmo; que a mansidão e a misericórdia devem fazer parte do nosso dia a dia, independentemente do que estivermos fazendo, produzindo ou empresariando. Na vida, que é passageira, é preciso ter sensibilidade e procurarmos e perseguirmos a "felicidade" e, quando nos sentirmos felizes na vida, no trabalho ou nas empresas que constituímos, é porque estamos aprendendo mais à essência da "sabedoria" e a importância da realidade e a inexorabilidade dos "ciclos" na vida pessoal, profissional e empresarial...

O EGOÍSMO

O egoísmo exacerbado é, pela própria configuração, uma condição de comportamento que conduz o ser humano a praticar sistematicamente a inveja e a cobiça. Ele torna a pessoa um egocêntrico que não leva em conta as necessidades e os desejos dos outros. É um dos grandes problemas do ser humano e que, em muitos casos, torna difícil o seu convívio na sociedade, na família e nas empresas.

O egoísmo não tem limites, ele aumenta na velocidade e proporção do que se deseja e, em muitas vezes, além do possível e desejável. Ele despreza o compartilhamento das ações bem-sucedidas e, sempre que possível, as avoca integralmente para si.

É como uma doença que se manifesta a qualquer momento e situação, sempre como um ponto fora da curva.

Ele estimula a ansiedade e pode provocar estados depressivos e, consequentemente, induz a pessoa a um menor nível de produtividade, de percepção, de equilíbrio emocional, principalmente, quando reduz a capacidade de concentração.

Combatido veementemente pelas religiões, o egoísmo se retrata como o contrário das bem-aventuranças e como uma tendência ao afastamento das quatro virtudes cardeais: prudência, justiça, fortaleza e temperança.

Nas organizações, quando seus gestores estão impregnados de egoísmo, o ambiente de trabalho é combativo, conflituoso e seus efeitos para as empresas são, frequentemente, nocivos.

Um dos condicionantes que leva as empresas a caminhos de progressos, além da fidedignidade e do compartilhamento dos resultados, é o reconhecimento e o apoio aos profissionais competentes e comprometidos.

Num ambiente de egoísmo, via de regra, os trabalhos eficientes são considerados pelos gestores mera obrigação, não comportando nem sequer um mínimo de registro de reconhecimento. Todavia, qualquer falha de um profissional, por menor que seja, é objeto de repreensão com severas críticas. O caminho para tornar as empresas mais produtivas e bem-sucedidas é exatamente aquele de combater o "ambiente egoísta". É preciso trabalhar as cobiças das pessoas possessivas e conduzi-las para um ambiente de cooperação, compartilhamento de ideias, soluções e de solidariedade funcional. Dessa forma, todos estarão unidos pelo ideal de fazer o melhor em suas atribuições, confiantes de que seus trabalhos contribuirão e serão reconhecidos quando do sucesso da empresa.

O egoísmo que pode também nascer da insegurança nos torna míopes e, às vezes, cegos. A ambição que dele resulta não nos permite enxergar com prudência, equilíbrio e até com justiça social. É como um jogador inveterado que, embora já tenha ganho muito em uma jornada, não é capaz de se saciar e, inadvertidamente, continua jogando até que a sorte o abandone e o lucro se transforme em prejuízo e num grande pesadelo.

Lamentavelmente, o egoísmo sustenta as grandes riquezas e, com elas, a concentração da renda no mundo. Ela move os negócios do mundo e a especulação financeira que torna os pobres mais pobres e os ricos mais ricos.

O egoísmo, embora não seja hereditário, pode ser herdado, a partir da natural e cotidiana observação do comportamento familiar e, nas empresas, das ações egoístas, parciais e, às vezes, até desumanas que podem emanar do poder.

Talvez a pior face do egoísmo possa ser a forma como nos leva a enxergar as pessoas próximas ou equidistantes, os colaboradores e os mais humildes, pois, como tal, inibe a capacidade de o egoísta ser "manso e misericordioso".

A MANSIDÃO E A MISERICÓRDIA

Quando Deus fez o ser humano à sua imagem e semelhança, nos deu a inteligência e o livre arbítrio.

Sabedores de que a única verdade absoluta na vida é a de que todos morreremos um dia, a pergunta que fazemos é por que elegermos a riqueza e o poder como foco central de nossa vida? Por que nos recusamos, muitas vezes, a olhar para as pessoas com mansidão e misericórdia? Será que o que temos é essencialmente mérito nosso, resultado unicamente da nossa competência, do nosso esforço, do nosso trabalho ou, eventualmente, resultante de uma circunstância da vida, como uma herança ou um dom que nos foi dado por Deus?

É preciso ter mansidão diante das faltas e dos erros dos nossos semelhantes, dos mais próximos e dos desconhecidos. É preciso ter misericórdia para com aqueles que nos servem ou que nos busquem para solicitar o apoio e a ajuda num momento de fragilidade e necessidade.

Se formos implacáveis com as pessoas, com os nossos familiares, empregados, colegas de trabalho, sócios ou patrões, receberemos, inexoravelmente, mais cedo ou mais tarde, direta ou indiretamente, ações implacáveis contra nós.

Em alguns momentos da vida é preciso, conscientemente, perder para que outras pessoas possam ganhar e se levantar na vida. Aliás, no mundo dos negócios, o sentido verdadeiro da parceria é de que todos devem ganhar ou que o negócio deva ser bom para as partes envolvidas, para ser mantido.

A misericórdia é uma ação de fé, de piedade que deve estar presente em nossa vida. Não podemos guiar as nossas ações, movidos integralmente por interesses econômicos, políticos e da busca do poder. Quando agimos assim, assumimos um caráter de personalidade que oscila entre a falsidade, a hipocrisia, o cinismo, a intolerância com os mais débeis, a falta de mansidão e misericórdia para com os nossos semelhantes, qual seja, oscilamos, com o nosso comportamento, entre o mal e o pior.

Na vida, em alguns momentos e situações, nos sentimos poderosos, preponderantes e totalmente capazes de solucionar problemas, decidir negócios e de agregar valores de ordem social, política, econômica e familiar.

Em outros momentos e situações, conhecemos verdadeiramente a nossa pequenez e incapacidade de não só solucionar problemas, mas até de nos sustentar frente os fatos materializados.

Mas, afinal, uma coisa é certa: quando somos mansos de coração e misericordiosos, estamos, concretamente, muito mais próximos da "felicidade".

A FELICIDADE

Não existe um conceito absoluto de felicidade, assim como não existe a condição de felicidade eterna.

A felicidade pode ser vivida por um período curto ou ser mais duradoura ou experimentada em apenas alguns momentos ao longo de nossa vida.

O equilíbrio emocional nos permite enxergar que é preciso saber buscar a felicidade nas pequenas coisas, nos fatos repetitivos da vida, no trabalho que empreendemos. Para viver o ambiente de felicidade, é preciso ter conformidade com a realidade que nos cerca diante da dimensão da nossa vida pessoal, profissional e empresarial.

Um fato que conduz ao sentimento de infelicidade é aquele em que nos deixamos levar pelos sonhos e desejos, frutos do nosso egoísmo, da nossa imaginação e anseios que possam estar totalmente equidistantes da nossa realidade, como a saúde, idade, posição social e situação financeira. Sonhar é preciso, mas é preciso sonhar um sonho possível, em todas as suas dimensões.

Um grande erro que praticamos é desejar ou até exigir que as pessoas próximas ajam ou tenham valores de comportamento que nós mesmos não temos. É preciso ser sempre coerente para enxergar os próprios defeitos e valorizar as virtudes dos outros.

A oração silenciosa e a meditação mais profunda são bálsamos de equilíbrio que nos conduzem à felicidade.

Para nos sentir felizes, é preciso que as pessoas que nos cercam – na família, no trabalho e nos negócios – também se sintam felizes. Não existe a felicidade egoísta ou unilateral, ela é sempre compartilhada e solidária.

É característica de um desequilíbrio emocional nos sentir infinitamente felizes em alguns momentos e totalmente infelizes em outros momentos adversos. É preciso separar sempre o joio do trigo. É preciso valorizar as pequenas coisas como o progresso e fatos realizados e relativizar os fatos ou coisas indesejáveis ou mesmo objetivos mal construídos que não alcançamos.

Um bom exercício é conectar a mente em coisas positivas e em objetivos alcançados em momentos felizes de nossa vida. Para ser felizes, temos de desejar, procurar e agir sempre na direção da felicidade.

Para boa parte dos trabalhadores, em todo o mundo, o ambiente de trabalho é cansativo, rotineiro e repetitivo. Não produz, consequentemente, o sentimento de felicidade no trabalho, a qual é apenas esporádica e não sistemática.

O grande desafio das empresas é construir internamente, com os colaboradores, um ambiente de segurança, tranquilidade, solidariedade e confiança entre colegas e superiores.

Com essas virtudes, o trabalhador se sentirá menos pressionado pela natural cobrança de metas e seu desempenho será melhor.

Um ambiente aberto de comunicação entre o trabalhador e seu líder o deixará mais confiante, com menor ansiedade e, eventualmente, menos depressivo.

A sinergia positiva somente acontece em um ambiente de total transparência, verdade, reconhecimento e justiça.

> "A felicidade não se completa quando se depara com o egoísmo. Para que ela se reflita totalmente em nossa vida, é preciso que os fatos que estão nos deixando felizes não alterem os termos de equilíbrio do nosso relacionamento na sociedade e nas empresas, que impliquem prejuízos colaterais e infelicidade para os outros.
> (...)
> Nós somente poderemos nos sentir plenamente felizes, se a nossa felicidade nos permitir ter uma consciência limpa, isenta de preocupações de que possamos ter causado um mal a terceiros. Quando plantamos e colhemos a felicidade.
> (...)
> Alcançar a verdadeira felicidade pode exigir que efetuemos uma transformação na nossa perspectiva de vida e no nosso modo de pensar. Para alcançar a felicidade, precisa-se de uma variedade de abordagens e métodos para lidar com os vários e complexos estados mentais negativos e, para superá-los.
> (...)
> Todos os dias, ao acordar, podemos desenvolver uma motivação positiva sincera, de como ver o dia de um modo mais positivo. Assim, através de métodos como esse, é possível, aos poucos, fortalecer os aspectos positivos da mente."[9]

O treinamento sistemático da mente, isto é, o cultivo da felicidade, a genuína transformação interior por meio da

[9] LAMA, Dalai; CUTLER, Howard C. *A Arte da Felicidade*. São Paulo: Martins Fontes, 2000.

seleção deliberada de estados mentais positivos, seguida da concentração neles, além do questionamento dos estados mentais negativos, é precondição para alcançarmos a felicidade.

Comentando sobre disciplina ética, Dalai Lama salientou o seguinte ponto: "Creio que o comportamento ético é outra característica do tipo de disciplina interior que leva a uma existência mais feliz".

Para nos sentir felizes, é preciso valorizar o que temos e conquistamos. Outros valores subjacentes que ainda não conquistamos não devem condicionar o nosso estado de felicidade.

Aceitar essa realidade indica que estamos alcançando o patamar maior de nossa vida: "a sabedoria".

A SABEDORIA

A sabedoria não é hereditária e não é um evento certo de que seja adquirida com o passar do tempo. Pessoas novas podem ter mais sabedoria do que outras mais vividas.

A sabedoria de vida independe da cultura, da classe social, de ser do campo ou da cidade, de trabalhar em uma grande ou pequena empresa e do credo religioso.

A sabedoria nasce da meditação, da reflexão sobre os fatos ocorridos, do equilíbrio emocional e da consciência e justo juízo de valor do que fizemos de certo e de errado, de bem e de mal e do reconhecimento desses fatos e, quando necessário, da correção do nosso procedimento. Nasce da humildade e do coração puro, do saber perdoar e amar.

Se erramos, crescemos em sabedoria quando reconhecemos e nos redimimos dos nossos erros. Quando trilhamos caminhos retos, quando respeitamos os nossos irmãos, independentemente de quem sejam, estamos crescendo em sabedoria.

Quando Salomão, em vez de riqueza e poder, pediu a Deus sabedoria para guiar o seu povo, recebeu d'Ele a maior sabedoria entre os homens de todos os tempos e, além dela, poder e riqueza.

A sabedoria é inimiga do egoísmo, da hipocrisia, da mentira, da prepotência e da ganância. É amiga da mansidão, da prudência, da meditação, da misericórdia, do perdão e da justiça.

Enquanto profissionais, para crescermos em sabedoria, é preciso respeitar o limite do conhecimento e da competência das pessoas, para dimensionar seus trabalhos e obter os melhores resultados. É preciso reconhecer a pequenez das nossas competências e trabalhar permanentemente as nossas deficiências para ser mais produtivos. É importante não superestimarmos os nossos conhecimentos e realizações, como se fôssemos sempre a pedra angular nas organizações. É preciso valorizar o trabalho dos colegas e ter a humildade de reconhecer, por mais importante que sejamos, que somos apenas parte do todo. Quando avocamos para nós as realizações produtivas e bem-sucedidas da empresa estamos perdendo sabedoria. Aliás, a sabedoria pode ser efêmera para muitas pessoas. Ser crescente ou decrescente, dependendo de nossas reflexões e ações.

Do ponto de vista empresarial, para se ter sabedoria é preciso que o conjunto heterogêneo de pessoas, de todas as áreas, ajam com sabedoria. Para tal, é necessário que os principais executivos se posicionem com sabedoria para que, de cima para baixo, possam ser disseminados comportamentos éticos, honestos e políticos, de respeito aos colaboradores e ao meio ambiente, de justiça econômica e social. Com essas atitudes, inexoravelmente, a empresa crescerá de forma socioeconômica.

Observar e reconhecer os erros do passado para não cometê-los novamente no presente e no futuro representa uma gestão sábia. Mais que isso, é aprender com os erros para, além de corrigi-los, alterar procedimentos e ações para o crescimento da organização.

A sabedoria é como uma semente plantada por Deus em nosso coração. Se formos terra fértil, ela brotará e dará bons frutos. Se, ao contrário, formos uma terra árida, ela brotará, mas não crescerá e não dará bons frutos.

Para mostrar a importância e o valor da sabedoria, reportamos ao *Livro da Sabedoria* (Sl 7, 7-11): "Orei, e foi-me dada a prudência; supliquei, e veio a mim o espírito da sabedoria. Preferi a sabedoria aos cetros e tronos e, em comparação com ela, julguei sem valor a riqueza; a ela não igualei nenhuma pedra preciosa, pois, a seu lado, todo o ouro do mundo é um punhado de areia e, diante dela, a prata será como a lama. Amei-a mais que a saúde e a beleza e quis possuí-la mais que a luz, pois o esplendor que dela irradia não se apaga. Todos os bens me vieram com ela, pois uma riqueza incalculável está em suas mãos".

Somente com sabedoria seremos capazes de entender e agir cientes dos "ciclos" em nossa vida.

A REALIDADE E A INEXORABILIDADE DOS "CICLOS"

De forma imperiosa ou não, os ciclos estão presentes em nossa vida, em todas as suas dimensões. Compreendê-los é uma arte plural, que exige dos seres humanos a conformidade com a realidade da natureza humana e as ações exigidas pela vida profissional e empresarial.

Na vida pessoal, passamos pelo ciclo do nascimento, infância, juventude, maturidade, velhice e, inexoravelmente, morte. Passamos pelas primeiras aprendizagens do andar, falar, ler, escrever, sem que ainda tenhamos o conhecimento e a visão do nosso tempo, sem, ainda, entender o compromisso que nos impõe a vida.

Na vida profissional, já amadurecidos, convivemos com o ciclo da aprendizagem do conhecimento, da especialização e do trabalho. Enquanto profissionais, poderemos ter um ciclo mais produtivo ou menos produtivo, com sucessos ou fracassos, que determinarão um maior ou menor tempo de nossa permanência no mercado de trabalho. O prolongamento do ciclo de nossas atividades profissionais vai depender exclusivamente do nosso esforço, do nosso comprometimento pessoal e funcional do nosso conhecimento e especialização e, como resultado de todos esses valores, da nossa competência. Se formos competentes, ativos e comprometidos, teremos uma grande probabilidade de nos mantermos trabalhando de forma valorizada, mesmo com o avançar da idade. Se, ao contrário, não formos competentes, seremos descartados do mercado de trabalho, independentemente da nossa idade.

O ciclo de vida de uma empresa pode variar de curto, médio ou longo prazos; da primeira geração, dos fundadores a outras gerações futuras. Ao passar a direção, de uma geração à outra, as empresas enfrentam sérios riscos de desestruturação, de degradação do seu modelo de gestão e, como consequência, pode sofrer abalos em suas estruturas. Podem, também, ao contrário, experimentar ganhos de escala e alavancagens dos negócios e seus resultados.

Independentemente de qual geração são os gestores, é importante ter presente que, em qualquer empresa ou país, é preciso, permanente e contemporaneamente, construir "novos atributos", como, por exemplo, o treinamento sistemático das equipes, em seus respectivos departamentos; o investimento na modernização do parque produtivo, o lançamento de novos produtos, as ações de *marketing* para dar sustentabilidade às "marcas" e alavancagens das vendas, o aprimoramento profissional do modelo de gestão, a ampliação do relacionamento da empresa com o "mercado", enfim, a busca permanente da excelência empresarial.

Esse caminho, certamente, prolongará o ciclo de sucesso da empresa. A desconstrução dos "atributos", que pode decorrer, simplesmente, por falta de ações e investimentos, poderá abreviar até o ciclo de existência da própria empresa.

... Terminada a explanação, o Monge, já bem cansado, abençoou a todos desejando que tivessem sucesso e não se esquecessem da importância de um equilibrado posicionamento em sua vida, enquanto pessoas, profissionais e empresários.

Até mais, até logo, ou, quem sabe, até uma nova peregrinação.

BIBLIOGRAFIA

CURY, Augusto. *O Semeador de Ideias*. São Paulo: Academia de Inteligência, 2010.

FRANCES, Hesselbein; GOLDSMITH, Marshall; BECKHARD, Richard. *A Organização do Futuro*. Peter F. Druker Foundation. São Paulo: Futura, 1997.

HUNTER, James C. *O Monge e o Executivo*:uma história sobre a essência da liderança. 15. ed. Rio de Janeiro: Sextante, 2004.

LAMA, Dalai; CUTLER, C. Howard. *A Arte da Felicidade*. São Paulo: Martins Fontes, 2001.

MERCADANTE DE CASTRO, Messias; ALVES DE OLIVEIRA, Lúcia Maria. *A Gestão Ética, Competente e Consciente*. São Paulo: M. Books, 2008.

SCHUMACHER, E.F. *O Negócio é Ser Pequeno*. São Paulo: Círculo do Livro - Zahar Editores, 1973.

MEMORIAL

O MAIOR ENSINAMENTO

"As Bem-Aventuranças"

Naquele tempo, vendo Jesus as multidões, subiu ao monte e começou a ensiná-los e aos Discípulos:

"Bem-aventurados os pobres em espírito, porque deles é o reino dos céus."
"Bem-aventurados os aflitos, porque serão consolados."
"Bem-aventurados os mansos, porque possuirão a terra."
"Bem-aventurados os misericordiosos, porque alcançarão misericórdia."
"Bem-aventurados os puros de coração, porque verão a Deus."
"Bem-aventurados os que promovem a paz, porque serão chamados filhos de Deus."
"Bem-aventurados os que serão perseguidos por causa da justiça, porque deles é o reino dos céus."
"Bem-aventurados sois vós quando vos injuriarem e perseguirem e, mentindo, disserem todo tipo de mal contra vós por causa de mim. Alegrai-vos e exultai, porque será grande a vossa recompensa nos céus."

EVANGELHO (Mateus 5,1 - 12ª)

É uma grande oportunidade voltar no tempo e poder registrar a minha trajetória na vida, desde a infância até os dias de hoje. Uma experiência, às vezes rica, às vezes pobre, mas, sobretudo, a "minha experiência".

Quase sempre, quando, por um momento, paro no tempo, eu me cobro de ser mais produtivo, mais empreendedor, mais construtivo, mais próximo da minha família e dos amigos, mais próximo de Deus.

As permanentes reflexões acerca do meu comportamento entre o certo e o errado povoam os meus sonhos e realidades e me permitem enxergar uma verdade absoluta: a minha grande e infinita pequenez.

A TRAJETÓRIA DA INFÂNCIA À JUVENTUDE

> "Para conquistar coisas importantes, devemos não apenas agir, mas também sonhar, não apenas planejar, mas também acreditar."[1]
>
> Anatole France

Nasci em 9 de julho de 1946, em Leopoldina-MG, região denominada "Zona da Mata", no período do Baby Boom, após a 2ª Grande Guerra Mundial.

Aos primeiros meses, ainda sem ser consultado, mudei com o meu irmão Carlos Alberto e os meus pais para Pirapetinga-MG. Ali, cursei o primário no Grupo Escolar "Cel. Ribeiro dos Reis"; o ginasial no Ginásio de Pirapetinga; e o Técnico em Contabilidade, na cidade vizinha de Santo Antonio de Pádua-RJ, na Escola Técnica de Comércio de Pádua.

---

[1] WAGONER, Kotly. *Ao Mestre com Carinho*. São Paulo: Publifolha, 2002, p. 123.

Naquele período em que passei da infância à adolescência, desenvolvi, medianamente, duas artes: a de cantar bolero samba-canção e bossa nova e a de jogar futebol. Coisas da vida que eu não abro mão de recordá-las e, quando possível, de praticá-las.

Aos 14 anos consegui, oficialmente, o meu primeiro emprego. Fui admitido como "contínuo" no Banco Ribeiro Junqueira S.A. Aos 18 anos, assumi as funções de caixa, aliás, um único caixa na agência. Nesse período, já era titular do time de futebol de Pirapetinga e era crooner do conjunto "Os Estudantes", mais tarde, "Palladium", que gravou um long-play, que eu tenho como recordação.

Meu pai, Antonio Alves de Castro, trabalhava em um armazém de secos e molhados, como era chamado na época, do qual, mais tarde, se tornou sócio. Como músico de relativo prestígio, tocou trombone de vara na Leopoldina Orquestra e na Banda de Música "27 de março" de Pirapetinga. Como tinha fama como músico, era chamado para enxertar as bandas e orquestras de outras cidades de Minas e do Estado do Rio de Janeiro. Foi também um homem de pouco estudo, mas de grande sabedoria de vida e, com minha mãe, nos ensinou os princípios fundamentais de existência humana: o respeito a todas as pessoas, a honestidade, o trabalho e a importância de Deus em nossas vidas.

Minha mãe, Arlete Mercadante de Castro, estudou até o ginásio, na cidade de Mirai-MG, e morou na casa de uma prima, cidade do grande compositor e cantor Ataulfo Alves.

Foi uma incansável batalhadora, que costurava para terceiros, cortava cabelo e, em dado momento, começou a estudar sobre as funções de "Parteira". Pirapetinga, uma cidade com aproximadamente 10.000 habitantes na época; que não tinha médico, nem hospital e somente tinha um "Parteiro", o farmacêutico, Jaime de Pinho, já com uma idade mais avançada. Logo, minha mãe tornou-se a parteira da cidade. Um trabalho gratuito, pelo qual tinha um grande amor. Acredito que entre 200 e 300 crianças nasceram com a minha mãe que, por graças de Deus, não perdeu nenhuma delas.

Em 1995, nos mudamos para a nossa querida Jundiaí, onde, atualmente, dormem em paz o sono eterno.

Ainda somos em seis irmãos: por ordem decrescente de idade, Carlos Alberto, Eu, Marina, Saulo, Gerson, que também é professor licenciado da nossa Faculdade de Administração e, o mais novo, Hernani Roberto.

DA FACULDADE À DOCÊNCIA

> "Talvez não possamos fazer soprar os ventos, mas cada um de nós pode alçar a vela, de modo que, quando o vento vier, possamos capturá-lo."[2]
>
> Ernst Friedrich Schumacher

No início de 1968, o Banco que eu trabalhava foi incorporado pelo Banco Comércio e Indústria de Minas Gerais S.A. e, em 24 de junho de 1968, no bendito dia de São João Batista, cheguei, aos 22 anos de idade, transferido para a querida cidade de Itatiba-SP, onde inauguramos a agência, da qual fui Chefe de Departamento e, depois, Contador. O dia estava frio, mas o meu coração estava aquecido pela expectativa de como seria a minha vida e o meu futuro.

Em 1969, iniciei os estudos no curso de Ciências Econômicas da Faculdade de Ciências Econômicas, Contábeis e de Administração de Empresas "Padre Anchieta". Em 22 de feve-

---

[2] *Small is Beautiful* (1973). *O Negócio é Ser Pequeno*. 4. ed. Trad. Otávio Alves Velho. Rio de Janeiro: Ed. Zahar, 1983.

reiro de 1972, fui promovido a Gerente de Agência e transferido para Jundiaí. Em dezembro de 1972 conclui a faculdade. Em março de 1973, iniciei o curso de Especialização, em nível de Pós-Graduação, na Fundação Getulio Vargas, em São Paulo, nas disciplinas: Economia Brasileira, Mercado de Capitais, Economia Internacional e Teoria em Instituições Monetárias.

Também em março de 1973, autorizado a lecionar pelo MEC, iniciei a minha carreira como Professor Universitário, com a disciplina "Moeda e Bancos", hoje denominada "Economia Monetária" e, logo após, também, Economia Internacional.

Nesse período, iniciei timidamente os meus primeiros artigos sobre a economia brasileira, política econômica e economia internacional.

Os artigos foram se ampliando e somam, atualmente, cerca de 70, publicados no *Jornal de Jundiaí*, *Jornal da Cidade*, *DCI-Diário Comércio e Indústria* e *Gazeta Mercantil*. Alguns artigos foram publicados em revistas econômicas e na Revista *Análise*, de nossa Faculdade.

Em março assumi, também, as cadeiras de Moeda e Bancos e Economia Internacional, na Pontifícia Universidade Católica de Campinas (PUCamp), onde permaneci até 1977. Em março de 1978, assumi a Direção da Faculdade de Ciências Econômicas, Contábeis e de Administração de Empresas "Padre Anchieta", posição que exerci por um período de 30 anos - até 31 de dezembro de 2007.

Também em 1976, já tendo deixado o Banco Comercial, assumi as funções de Diretor Administrativo-Financeiro da Empresa, Máquinas Cerâmicas Morando S.A., onde permaneci até o início de 1985.

No período de 1985 a 1986 fui contratado para assessorar a Prefeitura de Jundiaí e realizar um trabalho para promover desenvolvimento do Município, um trabalho que frutificou, pois asfaltamos o Distrito Industrial e atraímos cerca de 20 indústrias de porte para a cidade. Na extensão do trabalho, elaboramos o projeto de uma Secretaria de Indústria e Comércio, que foi criada pelo Prefeito, Dr. André Benassi, como Coordenadoria de Indústria e Comércio, hoje, Secretaria de Desenvolvimento.

Em 1987, assumi a Secretaria de Finanças de Jundiaí, tendo permanecido até o final do mandato do prefeito, em 1988.

Em 1989, assumi a Gerência Financeira da Viti-Vinícola Cereser SA, importante indústria de bebidas do País e, em 1995, passei a exercer as funções de Superintendente Geral da empresa e membro do Conselho de Administração da Associada, Vinagre Castelo Ltda., atualmente, Castelo Alimentos SA.

Permaneci nessas funções até julho de 2001, quando, em seguida, inaugurei a Empresa de Consultoria, com o meu irmão Gerson, a Mercadante Consultoria Empresarial Ltda, onde trabalhamos atualmente.

A CONSTRUÇÃO DA MINHA FAMÍLIA

> "A felicidade não se completa quando se depara com o egoísmo. Para que ela se reflita totalmente em nossas vidas é preciso que os fatos que estão nos deixando felizes não alterem os termos de equilíbrio do nosso relacionamento na sociedade e nas empresas, que impliquem prejuízos colaterais e infelicidade para os outros."[3]
>
> Dalai Lama

[3] LAMA, Dalai; CUTLER, Howard C. *A Arte da Felicidade*. São Paulo: Martins Fontes, 2001.

Em 1971, em Itatiba-SP, conheci a minha esposa, Márcia Ordine de Castro. Namoramos três anos e, em 9 de fevereiro de 1974, nos casamos na Basílica Menor Nossa Senhora do Belém, em Itatiba. Sob as bênçãos de Deus, construímos uma bonita família, que nos dá alegrias e felicidades.

Em 1975, nasceu o primeiro filho, Rafael, em 1976, o Márcio, e em 1980, o Fábio.

Os três foram meus alunos na Faculdade Anchieta, sendo que o Rafael e o Márcio se formaram em Economia e o Fábio, em Administração de Empresas.

A família cresceu. Em primeiro, em 2001, o Fábio casou-se com a Joyce e tiveram dois filhos, o Lucas, com 9 anos, e a Thaís, com 7 anos.

Em sequência, o Márcio casou-se com a Priscila, em 2003, que nos deram duas netas, Maria Clara, com 7 anos, e Catarina, com 5 anos.

Por último, o Rafael que se casou em 2006, com a Samantha e nos deram dois netos, Pedro Rafael, com 4 anos, e João Otávio, com 3 anos.

UMA CONTRIBUIÇÃO À TELEVISÃO E AO RÁDIO

Em 1995, iniciei as gravações diárias, de segundas às sextas-feiras, com comentários e análises sobre as questões econômicas do País e do mundo, na TVE – TV Educativa de Jundiaí. O programa continua no ar.

De 2000 a 2006, fui âncora do Programa "Caminhos", em rede nacional, na Redevida de Televisão. Programa de Análise Econômica com importantes economistas do Estado de São Paulo.

De 2007 até a presente data, comento e analiso diariamente a economia brasileira e internacional, na Rádio Difusora de Jundiaí.

Em 1999, recebi o Diploma de "Personalidade do Ano", do Grupo Um de jornais de São Paulo.

Em 2003, a Medalha "Petronilha Antunes", outorgada pela Câmara Municipal de Jundiaí.

Em 2009, recebi pela mesma Entidade o título de Cidadão Jundiaiense, o que muito me orgulha pelo grande amor que tenho por esta cidade.

Em 2007, em parceria com a Economista Lúcia Maria Alves de Oliveira, escrevi o meu primeiro livro *A Gestão Ética, Competente e Consciente* publicado pela M.Books. No livro, além de uma visão avançada, onde colocamos o ser humano (fator trabalho), acima do fator capital, ao contrário da realidade empresarial vivida desde a Revolução Industrial, nos séculos XVIII e XIX, prestamos uma justa homenagem ao grande nome do filósofo, economista, humanista e nosso inspirador, Ernst Friedrich Schumacher.

Em 2008, registrei no Museu da Música, no Rio de Janeiro, as sete músicas de minha autoria. "Caminhando"; "O Tempo Passou"; "A Onda Vem Vindo"; "Esperei Por Você"; "Nova Dimensão"; "Olha, o Tempo Vai Passando" e "Barco Partiu".

OS FATOS MARCANTES DE 2010

Na terceira semana do advento natalino, restando apenas sete dias para o "Natal", ainda respirando o ar dos últimos dias da primavera, eu coloco em perspectiva a minha feliz trajetória de vida naquele ano.

Um ano muito rico, porque minha esposa e eu tivemos saúde, paz e harmonia no lar. Muito rico porque meus filhos cresceram em suas vidas, em mais um ano com as suas famílias e, nelas, os meus queridos netos e netas, nos quais deposito as esperanças de um mundo melhor.

Nesse ano, iniciei com a minha parceira no Livro *A Gestão Ética, Competente e Consciente*, a Economista Lúcia Maria Alves de Oliveira, um importante projeto, uma Organização não Governamental (ONG), ainda informal, denominada "VERDE ESPERANÇA", de conscientização ecológica. Ao longo do ano, algumas escolas de primeiro grau permitiram à Lúcia Maria ministrar, gratuitamente, aulas sequenciais sobre a importância da preservação e revitalização do meio ambiente, sobre ética e cidadania.

E, um fato de grande importância, no campo educacional, foi cursar a Pós-Graduação *Lato Sensu*, em "Didática e Prática de Pedagogia no Ensino Superior". Um curso de alto nível, com excelentes professores e que, sem sombra de dúvidas, muito contribuiu, não somente para mim, mas também para todos os meus colegas, para o nosso aperfeiçoamento profissional e para a nossa "Prática" de Professores.

Neste verão de 2013, sob as Graças de Deus, estou publicando o meu segundo livro também pela M. Books: *O Gerenciamento da Vida Pessoal, Profissional e Empresarial.*

> "Liberdade na sociedade significa que um homem depende tanto dos demais como estes dependem dele. A sociedade, quando regida pela economia de mercado, pelas condições da economia livre, apresenta uma situação em que todos prestam serviços aos seus cidadãos e são, em contrapartida, por eles servidos."[4]
>
> Ludwig Von Mises

[4] *As Seis Lições*. 6. ed. Rio de Janeiro, Instituto Liberal.

A GESTÃO ÉTICA, COMPETENTE E CONSCIENTE - Tributo à memória de E. F.SCHUMACHER. Prefácio de RUBENS RICUPERO

DIA 4 DE SETEMBRO DE 2007 FOI CELEBRADO 30 ANOS DO FALECIMENTO DO FILÓSOFO E.F. SCHUMACHER. ESTE LIVRO É UM TRIBUTO A SEU LEGADO.

Neste livro os autores enfatizam o dever de responsabilidade social do empresário, sua atenção com a sociedade, a comunidade e a natureza na qual se insere sua empresa, acenando com algumas propostas e opções inovadoras e desafiadoras para bem conduzir seus empreendimentos, encontrar seu legítimo sucesso e realização pessoal, sem incorrer na tentação egoística de valer-se abusivamente de sua posição de comando apenas em benefício próprio.

A atuação, sob essa nova ótica, deve demonstrar transparência, ética e comprometimento social, acrescentados à sua finalidade primordial de gerador de lucros. Por sua reconhecida atualidade, são reconhecidos também temas relacionados ao envolvimento ambiental e ético das empresas.

Baseados em todas essas questões, os autores propõem um novo modelo empresarial que passam a qualificar como **empresa consciente**. E afirmam que o tempo pode ainda não estar favorável para a concretização desse ideal. Mas, como nos inspirou Schumacher, com notável sabedoria:

"Talvez não possamos fazer soprar os ventos. Mas cada um de nós pode alçar a vela, de modo que, quando o vento vier, possamos capturá-lo."

Prefácio do Embaixador Rubens Ricupero